图书在版编目（CIP）数据

投资的原则 /（美）拉里·海特（Larry Hite）著；史雷译 . -- 北京：机械工业出版社，2022.7

（华章经典·金融投资）

书名原文：The Rule: How I Beat the Odds in the Markets and in Life—and How
　　　　　You Can Too

ISBN 978-7-111-70921-3

I. ①投… II. ①拉… ②史… III. ①投资管理 IV. ① F830.593

中国版本图书馆 CIP 数据核字（2022）第 104200 号

北京市版权局著作权合同登记　图字：01-2022-1173 号。

投资的原则

出版发行：机械工业出版社（北京市西城区百万庄大街 22 号　邮政编码：100037）

责任编辑：顾　煦

责任校对：付方敏

印　　刷：涿州市京南印刷厂

版　　次：2022 年 10 月第 1 版第 1 次印刷

开　　本：147mm×210mm　1/32

印　　张：7.5

书　　号：ISBN 978-7-111-70921-3

定　　价：69.00 元

客服电话：（010）88361066　68326294

我想把这本书送给我的孙子孙女们，他们将会知道自己还有选择。

对于所有生来不完美的年轻人，我希望他们的局限性会成为力量的源泉。

拉里·海特是趋势跟踪交易的先驱之一。他创建了明特投资管理公司，这是第一家管理规模达到十亿美元的对冲基金公司。在我的第一本《金融怪杰》著作中，我采访了拉里，不仅因为他过去取得的成绩，而且因为我听过他的演讲，喜欢他滑稽的幽默感。我问他为什么这么多年过去了，还要花费精力写一本书，当然，他这么做不是为了名和利，他的一生足以说明这一切。具有讽刺意味的是，我在本书的引言部分找到了答案。我在这里先做个剧透，《投资的原则》是一本读起来很轻松的书，海特在书中反思了他的生活，并且分享了他在交易和生活中获得的经验教训，它们都是一样的。

——杰克·施瓦格

畅销书"金融怪杰"系列的作者

能够经受住时间考验的超级交易员是非常少见的，拉里·海特就是其中之一；他是交易界活着的传奇。我喜欢他的书！这本书为交易和生活提供了宝贵的经验。它绝对在我的股票市场必读书目中排名第一。

——马克·米勒维尼

《股票魔法师》作者

在施瓦格的第一本《金融怪杰》著作中，拉里·海特的那一章对我的交易和职业生涯影响最深。本书中他在押注的大小、承受损失和调整心理方面的原则对于成功的交易来说至关重要。他关于押注规模的观点直接影响了我在头寸规模方面的决策，并且在很大程度上帮助我获得了良好的收益风险比。《投资的原则》是每一位交易员的必读书。

——汤姆·巴索

Trendstat 资本管理公司创始人

我很感激拉里·海特花时间写了这样一本有影响力的自传。他在书中除了分享非凡的智慧和卓越的交易原则外，还记录了他从失败者到成功交易的最高水平的生活故事。他无私分享的交易原则可以改善你的个人生活和交易生涯，读者在读完本书后会感到充满力量，并准备好面对生活的挑战。

——史蒂夫·伯恩斯

NewTraderU.com

从有阅读障碍、视力受损的年轻人到富有传奇色彩的千万富翁、金融怪杰，拉里是一个活生生的例子，他证明了任何人都可以克服并且扭转生命中最大的困难，在金融市场和生活中获得成功。这本书对交易者、投资者和任何想要充分发挥自己潜能的人都是一种鼓舞！

——亚当·邱

亚洲顶级财富和成功学导师，

专业的股票、外汇和期权交易员

| 致谢 |

我要感谢很多帮助我创作这本书的人，但是我尤其要感谢畅销书作家和趋势跟踪者迈克尔·卡沃尔。他激励我从事本书的创作，提供了智慧、周到和敏锐的见解，并从始至终指导我的写作。

感谢劳拉·斯凯诺内和赫布·沙夫纳两位编辑将我的声音和经历整理成书。感谢麦格劳－希尔（McGraw-Hill）公司的多尼亚·迪克森对本书创作过程的耐心和无私的支持，特别感谢阿利松·舒尔茨专业的编辑能力。

我很感激亚历克斯·格雷瑟曼，他30年前加入我的公司时还只是一个充满热情的年轻电气工程师，他渴望在金融领域有所作为，后来，他成了我值得信赖的同事和合作伙伴，直到今天依然如此。我还要感谢维克拉姆·戈库尔达斯，他最初是一名程序员，现在是研究员和我的合作伙伴。

我要感谢我的前同事哈维·麦格拉斯对我的信心以及对我的投资理念的坚定支持。

我的律师西蒙·莱文是一位热心的读者，他在过去30年里一直为我提供专业的法律建议。我要感谢他和他的儿子迈克尔·莱文分享他们的回忆以及为本书做出的贡献。我有幸成为迈克尔的导师，我希望他能够像我喜欢讲故事那样喜欢我的故事。

斯坦利·芬克是我的前商业伙伴，同时也是我所认识的最聪明的人之一，他是我的好朋友，也是我非常敬佩的人。

霍华德·弗里德曼是我一生的挚友、支持者和记忆的守护者，我为此感到非常荣幸。如果没有我的助手阿琳·沃德的支持和宝贵的奉献，我是不可能完成这本书的创作的。

我非常感谢我的父母，乔治·海特和海伦·海特，他们给了我无条件的爱。我也要感谢我的姑妈贝蒂和她的丈夫海米，还有我的堂兄弟莫尔·考夫和彼得·考夫，是他们向我敞开了家门，给了我看到一切的可能。

　　我无比幸运地拥有我的女儿萨曼莎和特莎，还有我的外孙埃利和西尔，我还要表达对我们深爱的西尔比的怀念，他们对我的爱激励着我所做的一切。

　　我要感谢我的妻子莎伦，感谢她的耐心、美丽和爱，感谢她的家人给予我的所有支持。

你无法阻止海浪，但你可以乘风破浪。

——乔恩·卡巴金

20世纪90年代初，我偶然发现了一种低调而又神秘的交易策略。全世界有一批非主流的交易者正在使用一种叫作趋势跟踪的交易方法。

这种方法不同于买入并持有策略。它不是沃伦·巴菲特式的，也不属于价值投资。它不做预测或者认为市场是有效的。它更不是彭博社或者美国全国广播公司财经频道（CNBC）的每日预测。

一切都是为了乘风破浪。是的，在潮起潮落中追逐利润。即使海浪真的很高了，你也不需要担心。只要海浪的高度还在上升，你就可以继续享受利润带给你的快乐，但这和你去夜店彻夜狂欢可是两回事儿。

现在，我们对这种趋势或者"乘风破浪"的思维方式有了全新的理解。

只有当你知道自己能够承受多大的损失时，你才能站在正在上升的海浪上。为什么？因为你也不知道哪波海浪会上升，哪波会下降，所以你必须对有可能出现的损失提前做好准备。你必须要活到第二天才能进场交易。

而现在，这种另类的思想或者生活方式已经变得非常有趣——这种生存的方式不再单指市场本身。你可以在风险投资、电影制作、体育（像布拉德·皮特在《点球成金》里那样）甚至是人际关系中看到它。

受这种独特视角的影响，我创作了五本销量几十万册的书，推出了一套700集的播客（点击收听达800万次），甚至还导演了一部纪录片。

在众多领域取得成就的名人当中，谁才是趋势跟踪（不管人们是否这么称呼）的集大成者呢？杰夫·贝佐斯（亚马逊）、丹尼尔·卡尼曼（诺贝尔奖获得者，前景理论）、杰森·布朗姆（电影）、达雷尔·莫雷（休斯敦火箭队，篮球）、约翰·W.亨利（波士顿红袜队，棒球）、比尔·格利（风险投资）、尼尔·施特劳斯（恋爱专家），还有拉里·海特（交易）。

我认识这群精英中的一个人——拉里·海特。

拉里是趋势跟踪交易领域中为数不多的公认的传奇人物之一。不过，我们还是先把交易的事放一放，因为拉里的故事特别适合你，不论你在生活中朝着什么方向前进。

你可以这样理解：当你用辛辛苦苦挣来的钱或者宝贵的时间下注时，你需要敬畏赔率。也就是说，你希望获胜的赔率一直站在你这边。例如彩票，人们没有机会战胜彩票发行方，彩票的赔率总是对人们不利，但是人们仍然排着长队，满怀希望。

作为一名趋势跟踪交易者，拉里在过去的30年里总是让获胜的赔率站在对他有利的一边，这与彩票带给人们的错觉截然相反。这意味着当他有机会赚大钱的时候，他会下重注，而当他有可能面临亏损时，他会下很小的赌注。

然而，是什么让赚了很多钱的拉里对普通人来说那么具有吸引力和共鸣呢？他是一个特立独行的人。他不是奥利弗·斯通的电影《华尔街》或者电视剧《亿万》（*Billions*）中那些千篇一律的西装革履的人。他是一个出身低微的人，这才是他鼓舞人心的地方。

我第一次见到拉里是在2005年。他在我的纪录片中留下过身影，并且在我的《趋势跟踪》[⊖]（*Trend*

⊖ 本书中文版已由机械工业出版社出版。

Following）和《交易小书》（*The Little Book of Trading*）两本书中都有特写。这些年来我们聊过很多次，我对拉里进行过长时间的采访。实际上，他早在2012年就计划写一本书，这是水到渠成的事儿。

最终，他的出书时间定格到了当下。2018年秋天，当拉里即将写完他的第一本书时，他受邀在越南参加一个有关远离网络的主题聚会，其间和妻子在东南亚旅行，因此暂时在西贡①停留几天。我们很快在风景如画的西贡凯悦酒店见了面。

拉里没有关注周围的景色，他直截了当地对我说："来吧，让我们进入正题，开始吧！"

他真的带着年轻人那种热情投入进来了吗？绝对的。

虽然我此行的目的不是采访，但是我看得出来拉里已经迫不及待地想和我谈谈。我拿出苹果手机，问："我可以录音吗？"

"当然可以。"他说。

我假设他和一些陌生人在电梯里，而那些人又很想知道他是做什么的。如果拉里说"我是趋势跟踪交易者"，那么大多数人，99%或者更多的人，都不知道这

① 越南胡志明市的旧称。

是什么意思。刚刚进入市场的新手或者资深交易者会如何定义一个趋势跟踪交易者呢？

拉里对此的定义很简单。

他会随大流，钱往哪里去，他就去哪里。他根据市场价格的变化决定做多还是做空。

拉里使用贝叶斯统计进行计算，每次迭代都建立在前面的基础之上。但是这说明了什么？它能够预测到什么吗？是的，它预测到了一点，就是下一个价格波动，这就是趋势形成的地方。由于人们的疯狂，这个趋势可以继续下去。人们在这个市场中你争我夺。你知道股票什么时候才能再创新高吗？就是当每个人都为这个市场疯狂并想从中分一杯羹的时候。

大多数人都理解这一点吗？当他们看到结果时会明白这一切吗？

不会的。

这意味着我们都需要一个不同的心态。

拉里很早就意识到，大多数人失败不是因为他们没有知识，而是因为他们不会计算。他们不会计算，或者更糟糕的是，他们根本就不计算。你看，计算迫使我们进行反思。不幸的是，我们当中的大多数人喜欢成为人群中的一分子、团队中的一员。我们需要集体的肯定。我们需要朋友和家人爱我们、喜欢我们。我们当中的大多数人都无法走出这些边界。如果我们走出去，我们就是独立的个体了。孤独是可怕的。

拉里的天赋在于他能够将这些复杂的洞察以一种有趣和浅显易懂的方式联系起来。为了展示他的独特之处，我必须分享我和拉里多次对话中我最喜欢的一段：

迈克尔：如果你做了一个糟糕的决定，而你也不清楚为什么事情没能如你所愿，你就要暂时离场，带着你的筹码远离牌桌，然后改天再来试试运气。但这对于大多数人来说是非常困难的。

拉里·海特：是的，这完全取决于他们的逻辑。

迈克尔：你的史波克[⊖]式逻辑（笑声）。我今天刚看了一集 1968 年版的《星际迷航》，我看到了伦纳德·尼莫伊（Leonard Nimoy）。

拉里：伦纳德·尼莫伊和我是高中同学（笑声）。

迈克尔：你知道吗？我今天好像具有了预

⊖ 美国《星际迷航》系列电视剧、电影中的人物，很讲究逻辑。——译者注

知未来的超能力。他真的……

拉里：是的。

迈克尔：我们今天已经确定，拉里·海特的整个职业生涯都建立在与史波克的联系之上。

拉里：不，我甚至不知道这回事，但是我看出来了（笑声）。他就像我的一个高中同学。

迈克尔：你要像史波克那样承担损失，不是吗？

拉里：不是的。

迈克尔：不是？

拉里：是的，你那样做是因为那是你的工作。

迈克尔：如果你不那样做，会怎么样，你会破产吗？

拉里：除了破产，你还会受到伤害。你要和失败做朋友。

正是因为有了这样的交流，我才愿意为拉里的书作序。

你看，对于任何生物、动物来说，第一件事就是生存。所以，在任何事情上及时止损都会给你忍耐的机会。这就是史波克式逻辑，简单的数学、简单的物理，总之，随便你怎么称呼它。你必须学会适应。毫无疑问，拉里崇拜的英雄之一是达尔文，正如他所说的那样，能够活下来的不是跑得最快的，也不是最强壮的，甚至不是最聪明的物种，而是最能够适应环境的物种。你必须活下去，否则一切就都完了。

然而，像拉里这样的好人却经常被人称为邪恶的投机者。他被那些外行描述成坏人，并且经常受到嫉妒。不过，拉里只是说："坚持住，请让我做我自己的事。我要遵守原则，努力找到我的优势，然后活下来。"这个观点后来之所以被人排斥，是因为人们想要的是群体安全，而不是新颖的自我思考方式。拉里总是利用大众对安全的看法来获得赚取财富的机会。

当讨论大众对安全的看法和拉里的冒险方式时，拉里以他特有的方式回应我说："我敢打赌，你是个千万富翁。"我知道拉里正在寻求一种回应，寻找可能会出现的意外。我还知道他是个很风趣的人，我这样回应他："拉里，我没有钱（笑声）。《教父》第二部中有句著名的台词是什么来着？我只是个生活在迈阿密的可怜的退休老人，仅此而已！我要搬到迈阿密的海滩去，和你做邻居。我们两个人都靠退休金生活，你怎么看？"

拉里笑着还击："成交。"

玩笑暂时到此为止，拉里的哲学经常被金融大众误解。例如，每年在某个地方总会有人宣布趋势跟踪已经彻底消亡了。向来以吸引眼球和制造恐慌气氛为主的彭博社的头条新闻，必然会因此带来巨大的点击流量。主流媒体采用了拉里的哲学，并使其成为恐惧的代名词。为什么？因为他们赖以生存的广告收入来自华尔街，而华尔街的思想和行为方式与拉里截然不同，这种触及华尔街底线的思想对他们销售的产品造成了很大的威胁。

但是为什么趋势跟踪永远也不会消亡呢？为什么拉里的观点是永恒的？拉里清楚地看到了这些问题的本质：很少有人不害怕失败。

除了拉里·海特之外，你知道还有谁不惧怕失败吗？他就是杰夫·贝佐斯。你知道贝佐斯和拉里应用的是相同的原则吗？亚马逊所有的商业发明都是贝佐斯留下的经典之作，它们是亚马逊众多尝试中成功留下来的精华。当然，我们没有听说过成千上万个失败的亚马逊计划或者实验。你看，生命中的冒险是非对称的，从市场到约会，再到平时的每一件事。意想不到的大赢家总会经历很多失败的尝试。

这并不是在引用拉里的话，但是你可以打赌他会像杰夫·贝佐斯那样说："如果你在火箭飞船上得到了一个座位，不要问是什么座位，你只要登上火箭就可以了。"来吧，承认这一切。那种"坐上火箭飞船"的态度真是太棒了！我们都可以马上明白这句话的意思，但是我们通常很少为自己的生活采取行动。

现在我们来到 2019 年初。我低下头，看到了我的来电显示，是拉里从 8000 英里⊖以外打来的电话。我接起了电话，没过几秒钟，我就和拉里开始讨论这本书的内容以及可能的书名。当时，很多人（包括我在内）都在为本书的书名提供建议。

但是，这是拉里第一次和我说起他对书名的看法。他脱口而出："这就是原则，就是这样。书名就叫《投资的原则》。"他不需要解释。他其实是在暗指 19 世纪英国传奇政治经济学家大卫·李嘉图。李嘉图有一句经常挂在嘴边的话："及时止损，成为赢家。"拉里把这个永恒的原则铭记于心。

这就是《投资的原则》。

这就是拉里。

迈克尔·卡沃尔
《趋势跟踪》和《海龟交易特训班》的作者

⊖ 1 英里＝1609.344 米。

| 目录 |

第二部分

明特基金、金融怪杰和运用原则

参与游戏

一位非常虔诚的老人住在布莱顿海滩。一天，他听说一个邻居中了 100 万美元的彩票大奖。老人既愤怒又嫉妒，于是他跑到海滩上，站在享受着快乐和阳光的家人面前，冲着天空尖叫道：

"上帝啊，我太生气了。我一直是个好丈夫和好父亲，也在努力地工作，我每个星期天都去教堂做礼拜。彩票已经有 30 年的历史了，可是我从来没有中过一分钱！"

就在这时，天空暗了下来，一道闪电击中了他。一个声音从天堂传来：

"你买过彩票吗？你得去买一张。⊖"

⊖ 总之，不要买彩票。你中大奖的概率很小，但是它可以说明问题，它证明了我的观点。

人生第一课：只有参与才能获得成功，如果你不下注，你就不可能赢。这一课看似简单，但是我看到很多聪明、有才华的人说他们想要得到什么，但却没有为此付出过任何努力。他们之所以没有在赢家的世界里找到自己的位置，是因为他们从来就没有进入过游戏。这是为什么？是因为恐惧。我想帮助更多的人克服他们内心的恐惧，让他们过上比现有的认知水平更好的生活。我也希望我的孙辈和他们这一代人看到，如果你投下正确的赌注，很多事情都是有可能实现的——不仅是你的金钱生活，还包括你的爱情生活。赌注只是我们做出的选择。在生活或者市场中，有太多我们无法控制的东西，但是我们能够控制自己的选择。

我要告诉你我最重要的思想：你的梦想要比你的局限更重要。你不能改变你的 DNA 或者家庭背景。但是你可以选择目标和梦想，然后去追逐它们。就我而言，我的梦想要比我的局限更强大。我的局限非常严重。当然，过去和现在有很多人的情况比我更糟糕，但是我曾面临着巨大的困难。我在第 1 章的开始讲述了我的故事，但只是一些基本情况：我出生在一个下层中产阶级家庭，有严重的学习障碍，在学校表现得很差，几乎失明（一只眼睛失明，另一只眼睛半盲）。我长相一般，而且不擅长运动。如今，我是一个白手起家的千万富翁。我做得怎么样？我把赌注押在了自己的身上，并且成了赢家。你也可以做到这一切。

这让我想到了为什么要分享我的故事。

我写这本书并不是为了赚钱，我做这些也不是为了荣誉。我是个名人，除了赚钱，我已经获得过很多荣誉。我的财富有将近一亿美元，大部分是现金或者证券，所以，我分享我的经历的最终目的是什么？

其实真正的问题是："我是为谁写的这本书？"这是写给那个没有被邀请参加高中舞会的超重女孩的，是写给最后一个没有入选棒球比赛的人的。要知道，当你还是个孩子的时候，这种事情真的很打击人。这也是写给明星运动员的，因为他们也有困难要克服。简而言之，我的经验教训是写给每一个在小学、高中或者生活中的任何时候不知道如何成为赢家的人的，也就是说，是写给我们每一个人的。

你看，当我们十几岁的时候，我们大多数人都没有被俊男靓女邀请参加舞会，或者成为球队的队长。有一首摇滚老歌《第一次伤害最深》（*The first Cut Is the Deepest*），说的就是当你十几岁的时候，你就会受到人生的第一次伤害。

想想看：我从一个瘦骨嶙峋的小孩子变成了一个肥胖的孩子，左眼失明，右眼半盲，而那只好的眼睛也有阅读障碍。所以，无论我做什么事情，都做得很糟糕。

在学校、体育运动和生活中，一种伟大的洞见在我的经历中不断涌现：当你被很多困难绊倒时，你的朋友会叫你"协调先生"，你要做的就是站起来继续前进。

你要做的第一件事

如果你说不出它是什么，就不会得到它。这种陈词滥调确实很适合我。当我七岁的时候，一个成年人问我和我的一群朋友长大以后想做什么，朋友们给出了意料之中的答案：老师、医生、消防员。轮到我回答的时候，我说："我想成为我叔叔那样的有钱人。"我当时甚至不知道"有钱"是什么意思，但是这几个字就这样脱口而出了。（直到很多年以后，我才在一本名为《富爸爸，穷爸爸》的书中找到了令人满意的定义。作者说，如果你能够靠自己的积蓄生活两三年，你就富有了。）在我那个年纪，我只知道我的长辈们都拥有什么。我的父母和我住在一套三居室的公寓里，而我的表弟住在一个大房子里，所以他就是个有钱人。我也想过那样的生活。欲望是非常强大的东西，让我必须拼命工作。

15年后，当我大学毕业的时候，我又被问到同样的问题，而我也以同样的方式回答了这个问题。我想成为有钱人。对我来说，金钱中有一个大写的F。这就是我想要的东西，我可以想象和品尝到的东西：自由

（Freedom）。这就是为什么我做了我所做的一切：因为我想不受约束地去做我想做的任何事。当然，我也想避免失败。我无法做到其他人能够做到的很多事，所以我需要成为有钱人来弥补我的缺陷。

当我回想起和我一起长大的朋友时，我发现我们中的大部分人并没有很大的不同。不过他们中的很多人经济条件不好，而且还有不少各种各样的遗憾。我问自己，我真的比他们强吗？我不这么认为，一点也不。我相信我的成功来自我设定的目标以及追求它的决心。我认为建立有意义的目标是非常重要的。如果你不知道自己真正想要什么，那么随之而来的每一个困难都会让你不知所措。

这并不是说我没有和其他人一样的恐惧，我确实也有。我差不多在 27 岁的时候，挣到了人生中的第一桶金（在第 3 章中会提到）。你可能会认为我当时会很兴奋或者骄傲，但事实上，第一次成功带给我的是巨大的恐惧。我不仅害怕失去金钱，也害怕失去随之而来的权力和责任。

我邀请您和我一起踏上我的人生之旅。我会和您一起分享我是如何成为一名成功的交易员，并最终成为一个幸福的丈夫、父亲、祖父和朋友的。我对生活和投资的态度基于一种既非技术也不需要若干页图表的哲学。变得富有和成功不在于你任何时候都是正确的，而在于当你正确的时候，你会赢多少，以及当你犯错的时候，你会输多少。你会看到很多心胸狭隘的人将胜利看得比任何事都重要。但是，如果你赢得不够多，那么你除了能在鸡尾酒会上向什么都不懂的人炫耀，并没有真正赢得任何东西。

你不需要懂得量子物理学就能成为市场上的千万富翁或者企业家。实际上，华尔街发明的很多金融理论早在我儿时的布鲁克林街头就已经出现了。我永远不会忘记在 20 世纪 80 年代初，一位耶鲁大学的经济学家是如何影响到我的，他同时也是一位对冲基金经理。"拉里，你应该加入我们，"他说，"你会喜欢我们开发的系统的。"他向我解释了一篇他发表的著名经济学论文。论文分析了库存成本对企业的影响。他发现，持有库存对卖家来讲是一笔不小的损失，这与未销售库存相关的沉没成本有关。文中还提到了一种计算未销售商品的成本的数学方法。你只要一天没有卖出，实际上就等于在借钱。

但实际上，每个犹太商贩和他们的孩子都知道销售商品的成本。我对这位经济学家说："我的祖母是羊头湾卖水果的商贩。如果她白天没有卖掉所有的水果，她就会开始降价，因为那天晚上她要用这笔钱养活家里的七个孩子。"她不识字，但是她会计算。大多数交易、投资和创业的成功都与计算和概率有关系。如果你愿意的话，也可以做到。

这位经济学家是个好人。我很感谢他的邀请，但是我拒绝了他。尽管如此，我还是对这次经历心存感激，因为他帮助我证实了我的怀疑：你读到的很多关于投资和财富积累的资料都是建立在复杂的故事和预测的基础之上的，而这些故事和预测在经过认真的推敲之后，都会土崩瓦解。我再重复一遍：永远都是这个结果。获胜的真理要比大多数人意识到的或者被教育的东西简单得多。

我自己的生活证明了用合理的策略是可以克服困难的。说真的，我这辈子从 30 出头就没有真正工作过一天。这怎么可能呢？是的，我喜欢我所做的事，所以对我来说这不是工作。但是同时，我学会了如何建立独特的系统，这样我就可以在睡觉的时候赚钱。

我一直靠自己的智慧生活，尽管我在学校和大学里经历了可怕的挣扎，但我还是成功地做到了这一点。这些挣扎使我成了一个好奇的怀疑论者，我不愿意接受老派商人传授的传统智慧。正如我在本书前两章分享的那样，早期的失败迫使我坦然面对失败，更重要的是，坦然面对损失，这已经成为我成功的基础。

　　我早年的经历也让我意识到人类是容易犯错的。这就是我的投资方法从来不基于预测未来的原因。（提示：没有人能够预测未来！）我知道这世界上还存在着太多未知和不确定的事，这使得对经济或者市场的走势做出预测十分冒险。我获得成功的方法是理解人类的易错性和解读人们的行为，这样你就可以根据现有的事实，而不是基于遥远未来的未知世界，做出明智的决策，进而采取措施限制风险。我是一个趋势跟踪者。趋势跟踪的强大力量在于趋势是显而易见的。我一直运用贝叶斯统计学持续更新我的想法，这与棒球运动中的追踪安打率十分类似。在第4章，我要向你展示趋势跟踪法在赚钱和生活中的作用。如果这个方法能够发挥作用，就说明它对你同样有效。

　　你要对那些提出"新兴事物"或者听起来十分神秘的交易系统，以及宣称发现"新的"具有革命性的研究的专家保持警惕。还记得伯尼·麦道夫吗？他向你承诺可以很轻松地赚很多钱，实际上他却骗走了数十亿美元。而且他还不是那时唯一的坏人。你想赚钱吗？千万不要参与炒作。关注当下的趋势。当你开始关注那些充满预测的华而不实的研究报告时，你只是发现了谁拥有好的文案。华尔街的投资和资金管理机构用神话般的故事向你推销他们的专业知识，毫不夸张地说，从现在开始，他们在未来的一千年里都会重复上演同样的骗局。

你看，故事起始于人类社会的开端，娱乐并指导着我们的下一代。我们沉迷于精彩的故事。不幸的是，华尔街抓住了人类想要听故事的弱点。

然而，对于我们这些对此密切关注的人来说，现实是这样的：全球金融市场是通过数字（这是唯一的事实）进行验证或者交易的。市场是冰冷的经济利益集团不断变化的积累，它们在受监管的法律体系下为了获得优势而竞争。很多华尔街的报道实际上是为了隐藏真实趋势背后的数字——概率。我有办法识破这些假象。这是一种了解市场上涨或者下跌的方法，它可以归结为两种统计数据的比较。数字并不像你在金融频道中听到的故事那样迷人或者令人兴奋，那些漂亮的主持人从未在高中和我说过话，但是如果你正确运用了我介绍给你的方法，数字会让你更加富有。举个例子：如果我告诉你一家公司的股价创下了一年来的新高，并且将数字在图表上展示给你，我们就不会为此而争论。但是如果我告诉你，这家公司的 CEO 是一位曾经救过 28 个人的战争英雄，我们可能会争论一整天。他真的救了那些人吗？这怎么帮我赚到钱？我想知道的无非是这家公司创一年新高时的股价，也就是具体的数字。我的成功建立在创建非常无聊的系统交易上，它让我变得富有，而且从来没有让我辩论那个人是不是真正的战争英雄。即使知道了答案，你对世界上那些微不足道的问题的追求能够让你在市场上挣到哪怕 1 美元吗？

你可以靠炒作赚钱，也可以通过购买事实致富。

在我 40 多年的交易生涯中（我在很多市场交易，主要是期货市场），我甚至对我交易的标的（只要是合法的）产生了质疑。我可能会交易松子、猪腩、咖啡、糖、股票或者债券。你在交易什么并不重要，重要的是你要知道为什么和如何交易。

正如你将要看到的，我的交易哲学挑战了传统的狂欢节销售智慧，因为它们告诉你市场总是上涨的，你要做到买入并持有。谁会相信这些呢？你将会看到我的哲学不仅在赚钱上有用，而且在婚姻、生活、商业交易和你的职业上面都能发挥作用。

及时止损，成为赢家。这是我积累财富和实现全部目标的信条，这就是我的原则。我们怎样才能知道何时止损以及继续放大利润呢？你必须了解你自己，必须知道你的风险承受能力在哪里。例如，你能容忍工作或者友谊的回报持续下降多久？你能容忍与你的期望背道而驰的市场多长时间？我会告诉你如何找到答案。

记住，生活中最重要的硬通货不是货币，而是时间，我们每个人都只有有限的时间（至少在他们想出延长寿命的办法之前）。你可能会赚钱，也有可能赔钱，然后再赚回来。然而，时间一去不复返，所以在一切对你有利的情况下做出好的决策是给自己更多时间的最好方法，或者说，是自由。

如今，很多人不喜欢我思考概率的方式，因为我这里没有英雄和富有激情的故事，没有三幕戏剧，没有英雄的旅程，也没有伟大的故事。我早上起来会看一些数字，然后问自己得到我想要的东西的最简单的方法是什么。之后我会花20分钟进行交易，这样我就可以自由地开始我的一天了。

我意识到，要想得到你想要的，就要学会如何明智地下注。明智地下注就要了解基本的概率。如果我想变得富有，我必须学会一种交易方式，在我正确的时候赚很多钱，在我错误的时候不会损失太多。这就是为什么我的思想、交易系统基于控制下跌风险的原因，这样我就不会丢掉我的筹码。实际上，由我决定我能承受多大的损失，并且运用我的方法，将我的损失控制在这个范围之内。换句话说，如果你不拿自己的衬衫下注，你就不会输掉它。我要再次提醒你，永远不要冒超出自己能够承受的损失的风险。为什么？因为你不是在交易市场，而是在交易资金，而且是你自己的钱。只有你自己能控制你损失多少资金。当你适应这个原则时，你会发现你能够更好地融入这个游戏。你克服了恐惧！我在写这句话的时候起了一身鸡皮疙瘩，因为它对成功很重要，但是大多数人不理解。

也许有些人已经认为我的世界与他们格格不入了。暂停一下。我不相信你必须是投资者或者是交易员才能从我的人生旅程中获益。这些想法能够帮助你找到真实的自我，以及如何创造最好的概率获得你想得到的薪水，还有你想拥有的事业和生活。在生活中，你不可能经常在做决定的时候改变世界，但是你可以做出更好的选择。这些选择将会为你和你在乎的人创造更好的生活。这就是我想帮助你做的。

我的愿望是读者在了解我的人生旅程的过程中摆脱金融术语。是的，我使用了一些你可以在投资百科全书中轻松查到的基础金融术语。我更想讲述一个精彩的故事，但是我讲故事是为了展示事实和趋势是如何工作的，我不会用它们来误导读者。

本书的第一部分讲述了我的童年和青少年时期，还有身为一个患有阅读障碍症的盲人孩子在学校的差劲表现，以及我最终是如何开启我的职业生涯的。我分享了四个基本原则，以及如何将它们运用到赚钱和生活当中：（1）进入游戏；（2）不要失去你所有的筹码，否则你就什么都没有了；（3）知道赔率；（4）及时止损，成为赢家。首先，你要了解你是谁，为什么要选择现在的生活，还有你是如何思考的，以及这些原则对你有哪些帮助。

在第二部分中，我将讲述这些原则在更大的舞台上是如何发挥作用的。其中包括我和我的合伙人创建明特投资管理公司（简称明特），并让它成为世界上最大的对冲基金公司，同时也是全球第一家规模达到10亿美元资金的公司。我的交易基于复杂的研究和计算，不过我试图以通俗易懂的方式介绍我的交易过程，然后告诉你，即使你和我选择的方向不同，你仍然可以用这个方法积累财富。与此同时，我会和新手分享具体的运作方式，和高级交易员分享需要考虑的原则。然而，对我来说最重要的不是具体的机制，而是我拓展的整体哲学，我相信这对每个人都有价值，不论是年轻人还是老人，也不论你来自哪个国家。

当我分享我的经验时，你会发现我早期的失败是如何迫使我适应失败的。更重要的是，所有大量的财富都是建立在无数小损失基础之上的，这些小损失为大的胜利和成功铺平了道路。

当我给大学生做演讲时，我经常说他们应当问自己七个问题：

1. 你是谁？

2. 你的目标是什么？

3. 你想参与哪个游戏？

4. 你在哪里玩游戏？

5. 你的时间和机会范围是什么？

6. 可能发生的最坏的事情是什么？

7. 如果你得到了你想要的，会发生什么？

　　本书的书名是《投资的原则》，因为我的主要目的之一是分享我在投资方面的交易哲学是如何在生活的其他方面（爱情、婚姻、职业决策甚至是如何过马路）取得成功的。我希望我的话能够激励你思考生活中所有重大决策背后的可能性，也就是那些你现在可能还没有完全足够批判性思考的决定。作为一个趋势跟踪者，我建议你仔细观察你在生活中所跟随的趋势和数字。没有人能够预知未来，但是那些趋势和数字又会告诉你什么呢？

第一部分

走上交易之路

第 1 章

认识自我：从失败中成长

2012 年 7 月的一个晚上，《对冲基金评论》（*Hedge Funds Review*）邀请我去参加他们的第一次颁奖典礼。这次活动非常正式，负责人告诉我主办方会为我颁奖。我也不知道自己得了什么奖。我年轻的时候曾经干过一阵子脱口秀演员，"难道是为我从脱口秀演员转行做交易员颁奖吗？"有时候我内心是比较排斥在公众场合露面的。然而，我通常一到那里就会玩儿得很开心，只不过穿着燕尾服站在拥挤的人群中这种事儿还是尽量避免为好。虽然我对必须参加这个活动感到厌烦，但是我知道我必须参加，所以我还是极不情愿地去了。

那真是一个美妙的夜晚，充满激情而不沉闷。颁奖典礼在酒店的屋顶举行，周围环绕着曼哈顿夜晚的灯光。喝酒、聊天，当然还有颁奖典礼。随着夜幕的降临，我还是没有听到我的名字。不过没过多久，主办方终于宣布了当晚的最后一个奖项：拉里·海特作为对冲基金行业的先驱荣获终身成就奖。现场爆发出雷鸣般的掌声。

我向主办方表示了感谢，并且总结了我的人生哲学中最重要的一部分："你永远也不会知道当你出现在公众视野中会得到什么。"

直到现在我还在办公室陈列着这块用木头和黄铜打造的奖牌，上面写着："拉里·海特在他生命的上一个30年致力于追求稳健的统计程序和系统，进而让它们能够在广泛的市场和工具中形成一致的、有吸引力的风险 - 回报关系。"该杂志还写道："2012年美国《对冲基金评论》终身成就奖得主拉里·海特激励了一代商品交易顾问（CTAs）和从事系统化交易的对冲基金经理们。"

这一切是怎么发生的？我是如何为我的投资者和合伙人赚到数亿美元的？我所取得的成功（我相信你也可以

做到）来自我总是预期自己会遭遇巨大的失败。至于怎么办，我会制订行动计划，这样失败就不会让我身陷绝境了。明白我的意思了吗？如果你没听懂，我再重复一遍，因为它对你来说至关重要。我之所以会赢，是因为我总觉得自己会输。

这怎么可能？事实的确如此，这个违背常理的想法，还要从我的童年往事说起。

1941 年，我出生在布鲁克林的羊头湾，那是一个远离曼哈顿上层精英阶层的地方。我们住在一个由工人阶级移民和第一代美国人组成的社区里，大部分是意大利人和犹太人。这里的犹太人住在公寓里，而意大利人住在街道两边的小排屋里。（我在上高中之前没有见过一个新教徒。）我家的一居室位于第五大道和海洋大道的拐角处，是一栋建于第二次世界大战（简称"二战"）之前的红砖楼。我的父母在我 8 岁的时候终于在这栋楼的楼上租下了一套两居室，而我也拥有了一间属于自己的卧室。在这之前，我一直睡沙发。

我父母的情况如何呢？我的父亲是一个小型床罩制造商，他的父母是上一代移民，靠做小买卖为生。他们想办法给我父亲弄到一笔钱，让他开始创业。父亲的合伙人负责经营工厂，他自己负责市场、设计和销售。多年以后，父亲向我承认他高中没有毕业。他是一个非常亲切的人，每天晚上七点一过就回家。如果你做错了什么事，他也会发脾气，但是十分钟之后，他就会来到你的房间，问你要不要来一块蛋糕。我的外祖父母也是移民，靠做小生意谋生。母亲希望我们的家庭能够摆脱现状，而且很早就告诉我要考上大学。这到底会不会实现呢，我们谁也不知道。

我是一个非常普通的孩子，在人群中也没有特别之处。实际上，严重的残疾让我尝试过的每一件事的结果都很糟糕，我觉得自己童年的大部分时候都很失败。我尽力做到和正常人一样，这对于我来说已经像赢得世界大赛[⊖]的冠军一样难了。（天哪，在我写到这里的时候，确实有些伤感。）我身上的两处残疾让我和普通人不太一样。首先，是糟糕的视力。我出生的时候有一只眼睛失明，另一只眼睛的视力也很差。在学校做视力筛查的时候，我甚至看不到视力表上面那个最大的字母 E。父母给我买了眼镜，但是只能矫正一只眼睛的视力。所以，我的一切是从半盲开始的。

毫无疑问，如果你的视力很差，那么你的体育运动也一定好不到哪儿去。我表弟很有运动天赋，他每次向我

　　⊖　World Series，美国职业棒球大联盟每年 10 月举行的总冠军赛。——译者注

扔球的时候，我都要冒着被砸中脑袋的危险。每当有人把球投向我时，我要么没接着，要么表现得比笨手笨脚还要糟糕。我的母亲非常善良，经常安慰我。

我在童年要面临的另外一个挑战是：当我看一页文字时，经常把字母和单词混在一起。阅读障碍简直太折磨我了，而且我的书写也受到了影响。父亲试图教我发音，但我就是做不到。我在学校表现得很糟糕，而且越来越糟糕。在童年的大部分时间里，我都很沮丧，甚至想到过自杀。

直到多年以后，我才发现我的残疾是有名字的。这件事发生在我毕业很久以后，当时我正在和一个攻读特殊教育学位的教师约会。一天下午，我去她的学校接她，在等她的时候，我从旁边的桌子上拿起一本书，随便翻开一页，读了起来。也许是天意吧，我翻到的这一页正好是关于阅读障碍的。强烈的认同感让我的情感被瞬间征服，我哭了一会儿，我平时很少这样。这就是我这一生失败的原因，也是没有人能够理解我的地方。童年的愤怒和羞愧涌上了我的心头。我当时以为我已经跨过了这道坎儿，但是从某种角度来说，你永远不可能像我一样熬过这个痛苦的开始阶段。

在我小的时候，我身边没有一个人听说过阅读障碍这个词，他们认为我要么是哑巴，要么就是太懒了。我的母亲是我童年时期最关心我的人，我越是在学业上痛苦地挣扎，她越感到沮丧。她会去住在隔壁的好友金伯格太太的家里大哭一场。"拉里以后会怎么样？""他什么事都做不了，以后可怎么办？""他要怎样才能生活下去？"

我的父亲并不担心。他告诉我，他希望我不管怎样都要找到自己的生存之道，来养活未来进入垂暮之年的父母。这份责任重重地压在了我的身上，让我感到更加沮丧。

我们这一代的犹太人都被家庭寄予了厚望。

回顾过去，贝蒂姑妈一家对我产生了很大的影响。贝蒂和丈夫海米住在离我家20个街区之外的高档小区，算是我们家的有钱亲戚。母亲和贝蒂姑妈看到我和表妹年龄相仿，就让我们两个在一起玩儿。我经常去贝蒂姑妈家过周末，这真是美妙的时光。贝蒂姑妈对我非常好，我观察到他们的家庭文化与我家的完全不同。去吧，得到你想要的一切，要大胆地去想。他们的价值观不断地渗透到我的思想里。

实际上我有很多优点，只是当时还没有被发现而已。失败的经历让我更加具有创新精神。我喜欢伪装，喜欢幻想各种可能性，所以在我早期的生活中，我学会了如何一本正经地虚张声势。和很多孩子，特别是那些处境很艰难的孩子一样，我把想象力作为在人生舞台上生存的手段。例如，一个孩子可能会问："嘿，拉里，你看见那个东西了吗？"无论他指的是天上的飞机，还是发生在街头的什么事情，我都下意识地点点头。当然，我只是在逢场作戏罢了。通常情况下，我什么都没有看见，但是，我不想有些事其他孩子能做到，而自己却做不到，比如说看见眼前的东西。

我的残疾也让我发现自己具有丰富的想象力，并且能够有效地发挥它的作用（可能是一种反应能力）。例如，在一次时事新闻讨论课上，每一个同学都要从报纸上找一些内容并带到课堂上讨论。因为我的阅读能力不太好，我没有完成作业。就在我紧张地等着老师叫我名字的时候，我突然注意到坐在我前面的孩子正在画一架飞机。等轮到我的时候，我告诉老师我在家的时候忘记了这条新闻的标题，但是我可以把总结的内容讲给大家听，老师同意了我的请求。于是，我告诉全班同学我读过一篇关于一种时速500英里的新型飞机已经诞生的新闻。当然，这个故事完全是虚构的，然而，其他三个孩子也说他们读过这篇文章。显然，我的演技非常成功，这就是我演艺生涯的开始。我的表现很有说服力，这次经历给我留下了深刻的印象。我觉得这件事很有趣，我凭空编造了一个故事，老师和同学们居然都信以为真了。人们可以从我的想象力中有所收获。我当时也许还不知道，我感受到了一种强烈的召唤——敞开胸怀面对随时可能出现的可能性。

最终，想象力成了我生命中的引路明灯，把我从想要结束自己生命的重度抑郁中拯救了出来。想象力让我能够应付小时候的生活，然而更重要的是，它让我看到了其他人无法看到的可能性——我指的是充满智慧的视野，而不仅仅是视力。

就在我刚刚步入高中大门的时候，我的人生迎来了重要的转折点。由于我的学习成绩十分糟糕，学校的管理层考虑把我转到一所职业学校，因为在他们看来，我肯定上不了大学。首先，学校请了一名负责纽约州会考的外部教育专家对我进行评估。我来到了他的办公室，这位亲切的年轻人让我做了一些笔试测验。和往常一样，我做得一塌糊涂，但是他一定看到了我的特别之处，因为他突然改变了测试方法，他说："我们换另外一种方式试试。"这次他选择了口试，其中包括多项选择题，甚至是数学题。我在很久以前就学会了数数和心算（直到今天我还在练习）。因为不是在教室里，所以我没有任何压力。测试结束之后，他看了几分钟数据，然后把我母亲叫了进来。

"拉里的数学成绩相当出色，他的抽象数学推理能力是我目前见过的学生中最棒的。"我的母亲非常激动，她的直觉是对的。我们立即起身去拜访这所高中的校长夏皮罗先生。因为我的学习成绩很差，我的母亲一直鼓励我要好好学习。"这是他的成绩，"母亲说，"如您所见，他真的很聪明。"

夏皮罗先生扫了一眼试卷，然后把椅子往后推了推，好让他和我们之间的距离更大一些。"海特太太，有的时候你可以牵着马去水边，但是你不能强迫它喝水。"他说道。显然，他无意帮我。这所学校有一千多个学生，他也许正在想办法能够在十年之内拿到养老金，而我们也许就不应该对这个教育体系能够真正给予我们帮助抱太大的期望。他把我这个孩子排除在外了，我觉得这就是高中的生活方式。然而，优异的数学成绩给了我更多的信心去完成我的高中学业并且顺利毕业，但这可不是成功的保证。实际上，这一切只是开启了真实世界的大门——真实情况比我们想到的还要糟糕。

在我住的那个街区，学习差的人总是会干一些小偷小摸的勾当。当时的工会和一帮乌合之众串通一气，这让我觉得每一个人都是精致的利己主义者。我的父亲只有满足工会的要求，才能避免工厂的工人罢工，他认为这是正常的商业和生活的一部分。我知道很多人在角落里闲逛，试图表现得非常不幸。我也有过未成年人犯罪的经历。比如，我 15 岁的时候曾经"借"父母的汽车兜风，然后在找到车的地方附近还回去。另外，我和别人打过几次架，还挨了好几拳。说实话，我从一开始就知道自己不适合犯罪。如果必须躲避警察的话，那我可就碰上大麻烦了，因为我逃跑时有可能撞到墙上。

我还得继续想办法完成我的高中学业，因为我感觉到有什么东西在驱动着我前进。找到绕过障碍的方法或者直接克服困难为我带来了灵感。当我发现一个学生把统计好的考勤名单送到老师那里，而另一个学生把相同的名单送到教育委员会那里时，我的大脑灵光一闪，开始设想各种场景的可能性。从那时起，只要我想逃课去台球厅（当然啦，我在那种地方肯定打得很差劲），我就会把那份名单截下来，然后在给老师的那份上面注明缺勤，在给教育委员会的那份上面注明出勤。我为这一成就感到非常自豪。

我只有参加纽约州的会考才能够毕业，这个以多项选择题为主的标准测试让我得以继续我的学业。例如，我刚上高中的时候，生物考试不及格。老师告诉我，如果不能在会考的时候拿到满分，你这门课就会不及格。再重学一遍生物课让我无法忍受，所以我把前几年的备考书和考试题都找了出来，然后花了一天的时间在索引卡片上写下问题和答案。我的计划奏效了。我在会考中拿到了满分，生物课也顺利地通过了。学校的领导和老师们对我能在标准化考试中拿高分，却在其他科目上惨不忍睹的表现感到不解。

我也感到非常困惑，所以我分析了生物考满分的原因。一方面，虽然我身患残疾，但是我有不达目的不罢休的决心。我从心里想要把这门课程学好，这就给了我必须尝试多种方法学习的动力。显然，前几年的考题也同样重要。为什么呢？因为一旦你理解了游戏的规则，你就会知道该怎样玩这个游戏。此外，标准化测试是以多项选择题的形式出现的，这就涉及概率。每一个问题都有五个可能的答案，通常有两个答案是和题目不沾边儿的。当你明白这个道理之后，你就会把正确的概率从 1/5 提高到 1/3。这样一来，我们猜中结果的概率就会大大增加了。此外，再加上充分的准备，我还能够进一步提高正确率。概率的运用是我通过高中所有会考科目并顺利毕业的法宝。我在交易和当下的生活中也是这样做的。

幸运的是，我确实有一些朋友，而且我也确实有让人发笑的天赋，但是我实在太腼腆了，直到高中三年级的时候才发现这个特长。我清楚地记得我们一群人去朋友家做客的经历。她住在一个非常富裕的地区，在通往她家本宅的私家车道上有一个篮筐，当我站在那儿说了几句俏皮话后，我注意到其他的孩子都在哈哈大笑。突然之间，我才思泉涌，不停地讲笑话和故事，而大家都在认真倾听。我知道自己很有人缘，因为当我沉默不语时，其他人也和我一样一言不发。我已经把他们深深地吸引住了。这个结果真的让我出乎意料。我在和他们说话的时候，手里一直拿着一个篮球。我突然背对着篮筐把球抛了出去，球刷的一声进了篮筐。这简直就是奇迹。在场的人都震惊了，其实最震惊的那个人就是我。现在我明白了，即使我在某些方面有局限性，我仍然能够找到成功的方法。我可以把很多的方法融会贯通。你看，我们都可以在某些方面找到信心。然而，我们必须在生活这个游戏中不断尝试。

> 我在高中时期取得的成就：
> - 终于毕业了
> - 远离乌合之众

当我时隔57年再次回到詹姆斯·麦迪逊高中的"犯罪"现场时，我的高中同学又一次被震惊了。我们的母校位于布鲁克林的弗拉特布什区，这里诞生过著名的最高法院大法官鲁思·巴德·金斯伯格、创作型歌手卡罗尔·金、演员马丁·兰道、参议员恰克·舒默，以及参议员总统候选人伯尼·桑德斯（他和我是一个年级的，但我不认识他）等知名人物。詹姆斯·麦迪逊高中为了纪念这些杰出的校友，特地打造了一个被称为"荣誉之墙"的大玻璃柜。我从来没有想过将来的某一天我也会出现在这里，但是，我的挚友霍华德·弗里德曼相信我会和这些人一样出人头地，所以他给学校邮寄了一大堆关于我投资成功和做慈善事业的文章，同时还附上了一封推荐信，我要把这一切全部归功于他。作为一名成功的交易员，及其在慈善事业上的贡献，拉里·海特于 2016 年入选"荣誉之墙"。这是一个特别的时刻，我肯定我的母亲若此时在我身边会对我大笑（也许会大哭一场）。当我的同学阿妮听到这个结果时，她感到不可思议。

"你不是在开玩笑吧？是那个走路都能撞到墙的拉里·海特吗？"

面对错误，在失败中成长

我为什么要写自己的失败呢？因为我将失败变成了自己的优势，它让我成为一名伟大的交易员，而你也可以从失败当中获益良多。我再重复一遍：失败就是我的优势。

人们不愿意接受自己的错误。然而，当你像我一样失败时，你一定要保持头脑冷静，只有积极地面对它，你才有机会走出这片沼泽。这种思维方式会为你的交易和生活打开全新的思路。失败只是一种孤立存在的行为，我已经习惯了这一点，这会让我尽可能快地进入角色，迎接下一个挑战。我不在乎你是谁，或者是干什么的；你只有认识到自己的错误，并且从中吸取经验教训，才能够让你的表现更加优秀。我经历了太多的失败，而且是彻彻底底的失败，以至于我学会了把它当作一个变量来看待。

聊聊约会吧。芭芭拉·布什曾经说过，她嫁给了她吻过的第一个男孩。从这方面来说，她非常幸运。大多数人在找到他们心中的王子或者公主并最终走进婚姻的殿堂之前，都要吻无数的青蛙，这就是生活。你不能因为几次糟糕的约会就放弃对爱情的追求。我们必须经历失败的爱情，才能获得成功。爱情不是一场追求完美的游戏，它拼的是概率。

你必须要具备一定的勇气才能成为一个稳健的交易员或者在其他任何方面都表现出色的人。你必须和数字打交道，因为它是你下注时的筹码。从字面上来说，下注意味着最终的结果也许并不如你所愿。赌博就是在你不确定的状态下做出的决定。即使你的胜算比是100:1，那1%的概率仍然有可能发生在你身上。为此我发了成千上万张21点纸牌来验证这一点。我发现，一旦你明白了自己失败的可能性（也就是说，有的时候你不可能赢），你就知道什么时候应该放弃这一局，等待下一次机会。你要比那些在游戏中待得太久的人更快地做到这一点，你要坚持贯彻这个思想，然后坚信眼下的不利局面会很快反转。

当你的盈利是你现在所面临的风险的很多倍时，这就是一次完美的赌博。相反，当你的亏损比你能够赚到的钱还要多时，这就是一次失败的赌博。

很多自救计划会让你试着改变自己，但是我认为你应该利用现有的资源，无论你拿着的是一手好牌还是烂牌。你只管打好手里的牌。了解并面对你的缺点，因为那就是你的缩影。你可以改变头发的颜色，也可以戴着彩色隐形眼镜改变眼睛的颜色，但是你永远也改变不了你是谁，或者你的DNA。我只是想让你知道你是谁。任何一个诚实的人都应该花上一个小时来思考自己真正的缺点。你要成为那样的人。

失败带给你的另外一个好处就是，你可以认识到哪些东西是可以断舍离的。失败并不意味着某个特定的行为永远都不会奏效，它只是这一次没有成功罢了。如果你能够找到原因，就能领先两步进入下一局了。

我很喜欢接下来这个例子，它是我的思维方式在生活中很好的体现。作为一个与抑郁症斗争的单身母亲，

J.K. 罗琳在孩子们晚上睡觉的时候坚持写作,完成了她的第一部小说《哈利·波特与魔法石》。经过六年的艰苦创作和无数次的拒绝,她终于签下了这本书的出版合同,并从此踏上了畅销书作家的道路。她在 2008 年哈佛大学毕业典礼上发表演讲时说:

> 我为什么要谈论失败的好处呢?其实很简单,因为失败意味着剥离掉那些无关紧要的东西。我不再是以前的我了,也不再掩饰自己,我开始把所有精力投入到对我来说非常重要的事情中去。如果我真的在其他任何方面成功过,我也许就找不到在真正属于我的舞台上获得成功的决心了。我要释放自己。

此后不久,我也做了一次类似的主题演讲,只不过这次的演讲对象不是毕业于常青藤盟校的社会精英,而是位于布鲁克林米德伍德街区爱德华·R. 默罗高中的特殊教育班的学生。以下就是我和他们一起分享的内容:

> 当我还是个孩子的时候,我想到过自杀。没有人知道我曾经经历过什么。你也许会觉得自己就是个蠢货,但事实证明你不是。然而,你现在经历的一切犹如在炼狱中一样。
>
> 人们不会把你当回事儿。由于我的视力很差,患有阅读障碍症,阅读对我来说是件非常困

难的事情。但是，我还拥有想象力……如果你拥有想象力，你根本不需要用眼睛看，因为你的内心已经为你指明了方向。

我必须为自己考虑些什么，否则他们就会把我丢进垃圾桶。我知道如果我想继续活下去，我就必须抓住那些无法将我击垮的机会。我必须要好好考虑考虑，但是我不能靠着笔和纸去实现它，所以我要训练自己的思维。

你可以训练你的思维。你要让自己有个目标，这样才能让生活变得简单。成功的关键就在于此。

作为思维训练的一部分，无论是在交易中还是在每一次可能的生活决策中，都要形成一种"错误的假设"。运用自己形成的"错误的假设"和所必需的精神力量来检验错误的可能性，能够让你有更大的概率做出正确的重大决策（正确性）。记住，你是人，人是容易犯错误的。我无法告诉你有多少次我看到那些拥有高智商的人为了争强好胜，而把生活搞得一团糟，以至于他们始终都没有看到甚至意识到自己是错误的。我没有受到精英教育的恩惠，也没有被灌输凡事追求完美的信念，因此我在很早以前就发现，即使在美国最好的学校，他们也不会教你如何在生命中做最重要的决定：没有简单的正确或者错误的答案。学校从来没有教过任何关于概率的知识，我们被辜负了。这很神奇，是吧？

清楚自己需要什么，想要什么

一旦你了解了自己，你就知道自己能做什么、做了什么、有哪些能力，以及在哪些地方还存在短板。但这仅仅是开始而已，接下来，你要知道你想要什么。这一点我再怎么强调都不为过。重要的是你要为下个月、下一年和你这一辈子定个目标。你能取得什么样的成绩取决于你的目标。如果你不朝着目标努力，你就什么都得不到。我需要成功，这就是我的目标——成功。需求是一种非常强大的驱动力，因为你是从需求当中建立起欲望和目标的。评估你需要什么，要对自己百分之百诚实，然后确定你能想象到的最好的结果。

成功的人对他们追求的目标有着共同的热情。我告诉年轻人把自己的目标写下来，这一点对我们所有人来说都很重要。为你的人生列出 5～10 个目标，然后把这个清单放在抽屉里，过几个星期你再重新考虑，精简并且完善它，然后按照优先级的顺序进行排列。现在你应该开始明白我的系统是如何运转的了。

不过，这可不是一件简单的事儿。避免设定目标是人类的天性，因为目标会迫使我们平衡相互冲突的欲望。制定目标并把它记录下来会强迫我们停止观看奈飞[○]的视

○　Netflix，美国流媒体网站。——译者注

频，或者玩最新款的苹果手机。你需要坚持，否则就会功亏一篑。我要致富的目标和我睡到中午、不穿西服、不打领带的目标冲突了好几年。没错，我差点儿忘了：如果我不想去上班，我根本就不用去。最后，就像你在我的故事中看到的那样，理解了我的目标之间的冲突程度，会为我们平衡它们之间的关系找到解决办法。

一旦你设定了目标，请问问自己有没有实现它们的愿望和需求。如果有的话，你很幸运，这会让你的生活比其他人看起来简单得多。拥有一个像灯塔一样清晰的目标意味着你可以根据自己的长远目标做出选择，你会知道每一个选择是更接近你的目标还是与目标渐行渐远。找到并且专注你的愿望和需求，就像你的生命依赖于它们一样，因为事实确实如此。

当我遇到投资这件事的时候，我知道我找到了愿意为之奋斗终身的事业。为什么？因为投资为我们提供了一条致富之路，而我的目标就是要成为有钱人。同时，投资又是一项具有挑战性的工作，你会遇到有趣的人，但是市场并不关心你来自哪里、你是否有学习障碍或者视力问题，你是黑人、白人、犹太人、瘦子、胖子、同性恋还是异性恋。市场不会评判你。就像我们在布鲁克林的街角说的那样，市场才不会体谅你的感受。但是作为回报，你可以在不欠市场任何东西的情况下变得富有，这是一条黄金真理。我喜欢投资,因为它追求事实和真相,我发现市场才是能够成就我自己的好地方。事实证明结果是非常好的。我想成为有钱人,而且我也确实做到了。我同时也有拥有美好生活的愿望。如果你训练你的思维,你也可以做到。也许按照我的逻辑,你可能会赚10亿美元(概率很小),或者只赚100万美元(成功的概率很大),希望我的见解,以及我来之不易的经验教训,是我们所有人的起点。

第 2 章

找到你的职业方向：我的交易员生涯

年轻的我不知道该如何养活自己、未来的家庭、希望我为他们养老送终的父母。（后来我告诉父亲，根据他当时所了解的情况，这是一个极其糟糕的赌局。）当我高中毕业的时候，我完全没有理由去上大学。实际上，有大量的事实证明我上不了大学，而且很明显，我在那里什么也干不了，但是我的父母（尤其是母亲）从小就给我灌输要好好读书的思想，所以我还是决定试一试。我最初在一所规模很小的学校就读，但是很快我就发现这并不是我想要的。于是，我回到了纽约，开始在佩斯大学学习一些课程，后来又去了另一所大学继续读书，但没有学出什么名堂。虽然我对读书这件事情不抱任何希望，但是为了父母，我一直在努力。

美国纳粹党领袖乔治·林肯·洛克威尔曾经在纽约举行集会。我告诉自己：我是不会让这个家伙在纽约谈论屠杀犹太人的。我当时也就是19岁或者20岁的样子。

我组织了一群曾经在陆军和海军陆战队服役的朋友。我们在去参加这个集会的路上经过了一家杂货店。我走进这家店对老板说："我要把店里所有的西红柿都买下来需要多少钱？"

也许以前从来没有人要求买光他店里的西红柿，他一脸迷惑地看着我和我的那些面露凶相的朋友。他说了个价，我当即表示成交。

这时，已经有一大群人聚集在街上，将洛克威尔站的那个高高的演讲台围在了中间。我发现这群人中有一多半是愤怒的犹太人。（纽约市可不是纳粹狂热分子举行集会的理想之地，也许他们这么做的目的就是为了引起愤怒和关注。）我们开始朝他扔西红柿，其他的人也在做同样的事情。洛克威尔一边躲避着西红柿，一边发表演说。我们让他很难堪，我们传达了不欢迎他的信息。

当我伸手从袋子里拿最后一个西红柿时，另一只手也准备拿走它。我抬头看了看，发现我不认识眼前这个少年。后来我才知道他不是犹太人，而是波兰人，他甚至不知道自己为什么会在那里，但是他在和我争夺最后一个西红柿。我和他为了这个西红柿扭打在了一起，这时警察赶来了，把我们两个人还有我的一个朋友抓了起来，然后和其他罪犯一起关进了警车后面。今天的事儿主要是犹太人干的，还有一些二战老兵。最后，我们被带回警察局并受到了审问。因为那个波兰少年的缘故，我们被送进了少年法庭，我父亲的律师最后把我们救了出来。

总的来说，这次反抗只是一件小事。但是，我对此印象深刻：向纳粹分子扔西红柿，然后和一个波兰少年为了最后一个西红柿大打出手。我从来不为这段经历后悔，并且铭记它。毫无疑问，当你要在人生中下（聪明的）赌注时，你肯定要有从记忆中唤醒勇气的经历。

我想拥有大笔财富的目标仍然没有改变，但是我面临着一个主要的障碍：我不想没日没夜地工作，而且我也不想做任何我不愿意做的事。考虑到我不想在任何我不想去的地方露面这个因素，那么如何积累我的财富确实是个难题。

与此同时，我需要现金维持生计。我一个朋友的父亲在画家联合会里拥有广泛的人脉，他给我们几个人提供了一个赚钱的机会。我当然要好好利用这个机会。他告诉我们，房地产开发商正忙着重新装修和出租格林威治村和索霍区的公寓，因为新法律会限制他们能够收取的最高租金。也就是说，任何在最后期限之前出租的公寓都将按照以前实施的更高租金的指导方针执行，难怪开发商这么着急。联合会的代表带我们去了一栋大厦，那里的公寓几乎都准备好了，只差最后的油漆门框环节，在这之前需要用钢丝棉刮掉多余的灰泥。我们每完成一套公寓，开发商就会付给我们3美元。当我试着刮了几个门框以后，我马上意识到这是一份糟糕的差事。

我突然想到一个主意，我问我的朋友是否能够坐他的车到包厘街（纽约一个充斥着酒徒的街区）转一转。在20世纪60年代，无家可归的人站在（或睡在）那条臭名昭著的街道的每一个门口。我在那里转了转，问有谁想赚点儿钱，然后告诉他们到格林威治村的大楼里找我。当几个男人出现在我面前时，我感到十分震惊。我给他们每套公寓 2 美元的报酬，我还买了刮刀，向他们展示了基本的技术。他们很高兴有这样的工作机会。这种情况持续了大半个夏天。我手下的每个人每套公寓赚 2 美元，而我只赚 1 美元，是他们的一半。

到了 9 月，我的朋友们在炎热的天气里辛辛苦苦地刮灰刷漆，每人赚了几百美元。而我，一个什么都没干的人，却赚了将近一千美元。这是我人生中第一次用最少的付出赚取可观利润的经历，我非常兴奋。这个消息很快就传开了，当地工会的人对我的很多技能印象深刻，而且还把一些其他的项目也交给我来做。我有可能会再次回归我的犯罪生涯，但是我严重怀疑这么做的后果会非常糟糕。

表演是我当时唯一真正感兴趣的职业。随着年龄的增加，我已经变得非常善于伪装了，所以，我开始在舞台上享受伪装的艺术。而且，正如我提到的那样，我确实有点搞笑。于是，我开始到格林威治村的小俱乐部试镜，表演脱口秀和即兴表演。对于没有其他真正技能的我来说，表演确实深深地吸引着我。另外，演艺圈的人能挣很多的钱，对吧！我想试一试，但是传统的人生发展轨迹又在呼唤着我。

所以，我努力地完成了职业学校的课程。现在，我已经被唯一愿意接纳我的纽约大学商学院录取了。我对商业没有兴趣，但是招生办的负责人很明确地告诉我，只

要我能够达到修完五门商科课程的最低要求，就可以毕
业。这就是我要做的事情。我利用课余时间继续试镜，
希望能够找到更好的机会。拍电影是个赚大钱的行当，
所以我和一个搭档合作写了几个剧本（我自己永远写不出
一个完整的剧本），甚至还卖了几个。然而，一部电影也
没有拍出来。

> 一个从来没有上过商学院的交易员早期的职业经
> 验是：
> - 利润是别人支付给你的除劳动所得之外的剩余
>   部分。
> - 动机是你了解对手行为的关键。
> - 如果缺少资金，请寻找杠杆。
> - 当别人都在嘲笑你的时候，你要留意那个没有
>   笑的人。

当我终于在几个电影片段中获得露脸的机会后，我猛
然醒悟。事实证明拍电影是相当辛苦和乏味的。例如我
们正在拍摄一个场景，有人发现聚光灯移动到了错误的
位置上，我们就得重新拍一遍。如果其他地方又出了错，
那我们还得再来一遍，拍摄过程就是这样，不断地重复。
拍戏真的是太折磨人了。我喜欢真情流露的即兴表演，
而拍电影的过程显然不适合我。如果我不想成为电影明

星，那为什么还要做呢？

　　这就是我演艺生涯的终结。我没有在演戏上面浪费太多时间，而且我还挣了一些钱。在我当演员期间，我学习了不少表演方法，这可能是我一生中学到的最好的东西。我这里说的是李·斯特拉斯伯格在 20 世纪 50 年代的纽约市演员工作室成名的表演风格。体验派表演鼓励演员挖掘他们所饰演角色的内心情感生活。这意味着你要理解这个角色的目标，以及他最有可能采用哪种方法来实现这个目标。从本质上讲，体验派表演教你感知其他人的动机，从那时起，我就用这种技巧指导我的投资和交易。为什么呢？因为人类的本性，也就是说，我们的原始本能反应驱动着整个金融市场。我们的憧憬、需求、贪婪、恐惧、野心和创造力，构建了驱动供给、需求、趋势、繁荣和萧条的力量。纵观历史，所有的过往无不如此，而且这一切还将继续下去。

　　然而，我当时最迫切的问题是：我的演艺生涯还没有开始就结束了，我该怎么办才能赚到大钱呢？我需要一些特别的东西，但是我不知道是什么。

　　那是在一堂金融课上，授课的教授——一个身材矮小、衣着整洁、充满幽默感的康涅狄格州人，正在讲解着各种各样的金融工具，这个"特别的东西"突然让我大吃一惊。他在描述股票和债券时带着那种你所期望的商科教授所特有的尊敬。现在他提到了商品期货。对于那些没有接触过商品期货的普通读者来说，大宗商品是指在世界各地交易的没有经过加工的农产品、燃料和金属，这些原材料可以再转化成为食物、能源、服装和其他许许多多的东西。当你买入股票的时候，你实际上买入的是一家公司的一部分。但是，如果你买入大量的石油、玉米、可可或者糖并且储存在仓库里，然后等着哪天卖出去，这显然不切实际，于是大宗商品交易商就会通过买卖期货合约进入这些市场。总的来说，他们就是在对未来的价格下注。很多对商品期货一无所知的人都认为这种交易是高风险的。

我的教授曾经说过，大宗商品市场是所有市场中最疯狂的，因为你可以通过大量的杠杆进行交易，也就是说，借钱交易。举个例子，有时候你只需要支付交易总金额5%的现金就可以交易了。

此时此刻，我意识到商品期货就是那个我一直在寻找的"特别的东西"。他说，只要在保证金账户里存入500美元现金，就可以在这个市场撬动10 000美元的交易。这种事儿简直好得令人难以置信。

然而，我的教授可不这么认为。他认为大宗商品市场的风险大到无法想象。他说，表面上看这些人只支付5%的保证金就能够交易，但实际上大多数人会不断地借钱进场。整个教室充满了笑声，只有一个人除外，这个人后来成了千万富翁，就是我。我觉得这些疯狂的交易员看起来非常聪明。他们只需要拿出一小部分钱，就能够用相对便宜的贷款实现巨额的交易。这有什么好笑的？用本不属于自己的钱下注似乎是个不错的主意。另外，每天你把 5% 的存款放在保证金账户里，这笔钱就会变成美国国库券。如果美国短期国库券的利率是 3%，那么我的保证金存款的实际成本就不再是 5%，而是 2%。这真是非常便宜的资金。我要说明的是，这不是什么复杂的数学运算，只是简单的计算（你还记得吧，我很早就学会了这个技能）。当你想将概率变为对自己有利时，我强烈推荐你运用这个方法。

对我而言，在大宗商品交易的世界里，背景根本不重要。你可以是一个来自羊头湾的无名小卒，先以极低的成本借钱，然后通过一笔又一笔的交易把这笔钱还回去。我觉得这是一个明智的选择。

我还意识到，我的老师没有真正搞清楚把钱押在单一大宗商品上和持有 20 个品种的投资组合之间的风险水平有什么不同。前者下跌 5% 是有可能的，而 20 种大宗商品同时下跌 5% 的概率简直太小了。

我开始尽可能多地学习有关商品期货的知识。现在，大多数人认为剧烈的波动是商品期货最大的风险。然而，随着时间的推移，我从自己的交易实操和数据分析中发现，大宗商品的风险并不比股票高。没错，大宗商品确实会受到某些特定波动的影响，这似乎让一些人感到恐惧。一方面，许多农产品受天气的影响很大。春末一场巨大的冰暴可以毁掉一季的农作物，从而导致价格突然上涨。如今还要加上地缘政治的因素：由于原材料在世界各地生长和收割，那么当地的战争、暴乱、关税、运输问题和政府补贴等因素都有可能推高或者打压价格。交易员通过价格的变化，在市场上投机赚钱。如果他们认为价格会上涨，他们就会做多，也就是低买高卖。相反，如果他们认为价格会下跌，他们就会做空，这就意味着他们现在借了一定数量的钱，以后拿商品偿还，当价格下跌时，他们就会赚取差价。当然，我要再重复一遍，这种交易行为的美妙之处在于你可以通过杠杆来实现。

在《哈姆雷特》中，波洛尼厄斯告诉他的儿子："不要举债，也不要借钱给别人。"莎士比亚也许是个天才，但是我知道这是一个糟糕的建议。商人就应该借债，为什么？因为如果你拿到了钱，就可以好好地利用这个优势了。是的，我知道"杠杆"这个词会让很多人感到恐慌，特别是在期货交易中，因为如果你输得精光，市场就会在甩给你"追加保证金"这几个字之后，把你的财产洗劫一空。

然而，如果你能够按照自己的想法参与这个游戏，并且只承担你能够经受得起的损失，情况又将如何呢？如果你把资金分散在 20 个很小的标的中让风险最小化，而不是把全部身家放在一个或者两个标的中，又会怎样呢？你有没有想过这 20 个投资标的同时下跌的概率是多少？答案是非常小。如果你在价值刚开始下跌的时候就快速地止损，你就不会冒超出你承受能力的风险了。这些想法最终形成了我的投资方法的基础，我用这种方法赚了几百万美元。然而，此时此刻，我才刚开始有点儿明白这个游戏是怎么一回事儿。

我在上大学的时候对这个市场还有一个更深刻的理解。有一段时间，我和另外一个在学校里卖期末论文的孩子做生意。我当时手里有几份高质量的期末论文，它们使用了新颖的开篇陈述和结论，内容也经过了重新编排。我认识的很多学生都在学习相同的课程，但是我注意到有的老师在给内容几乎相同的论文打分时，一个学生得了高分，而另外一个学生却得了低分。为什么一个学生的分数会比另外一个学生高呢？我得出的结论是，这发生在老师没有仔细阅读论文的时候，而且，老师和这个学生的关系也占了很大的比重。这让我想到了"等级市场"这个带有偏见的词汇。这个市场不是有效的。我终于知道，只要人类在激烈的竞争中怀有贪婪和恐惧的心，有效市场就不会存在，而且永远也不会出现。（我会在本书后面的内容里告诉你有关有效市场的神话。）

❖

随着我对市场和交易的顿悟，我找到了目标。我要在这个狂热的市场中成为一名交易员。但是，我不知道怎样做才能进入这个行当。毕业之后（经过六年算不上刻苦的学习，我终于毕业了），我找了一份音乐推广人的工作谋生。我代表乐队，并且在摇滚俱乐部里站稳了脚跟。

1964年的一个晚上，正在曼哈顿东村的一个摇滚俱乐部做推广活动的我，遇到了披头士乐队的经纪人布莱恩·爱泼斯坦。我很欣赏爱泼斯坦，一辈子都忘不了他。我们两个人有很多相似之处：他出生在一个工人阶级的犹太人家庭，从小和父亲相依为命，他的父亲开了一家商店。爱泼斯坦对我说，他之所以敢在披头士乐队身上下赌注，是因为他不会因为乐队的失败而破产。而且，披头士乐队已经红遍了利物浦和英国的音乐圈，如果乐队能够打入国际市场，他还有机会大赚一笔。最重要的是，即使这件事情没有成功，他还有一个备用计划（你总是需要一个备用计划）。他的父亲在家乡开了一家非常成功的唱片店，如果他的事业发展得不顺利，他可以随时回去工作。当然，他的下注给他带来了丰厚的回报，但不幸的是，这种局面并没有维持多久。他本来可以很好地处理他的职业风险，但是当他的生活充斥着毒品和酒精时，他所面临的风险被无限放大了。1967 年，年仅 32 岁的他被发现死于意外的药物服用过量。他的死让我感到非常难过。这是你必须明智地承担风险的有力证据，拿自己的生命冒很大的风险，显然不是明智之举。

我的摇滚乐推广人的工作也没有持续多久。一个周末，在我负责乐队推广的几家俱乐部里，发生了三起枪击案，这直接导致了一位我正在为之做推广的音乐家的退出。这对于我来说是个巨大的损失，我意识到，音乐行业的风险太大了，我根本控制不了。就在那时，我意识到是时候去追求我从事交易的梦想了。就像我说的那样，我不知道该怎么做，但是我必须尽快迈出第一步。

1968 年，我被爱德华兹与汉利（Edwards & Hanley）经纪公司录用，实现梦想的大门终于被我打开了一道缝。作为一个职位很低的传递股票买卖指令的柜台接待员（我并不擅长干这个），我的主要工作就是把老板的汽车洗刷干净。但是，他们最后还是把我提升到了经纪人的位置，因为他们认为我擅长销售。他们的决定是正确的，我对推销股票非常在行，但是我一点儿也不喜欢这个工作。在爱德华兹与汉利经纪公司工作期间，那些上过名校、穿着漂亮鞋子的家伙也只是股票经纪人而已。现实就是如此残酷，而我对大量有关夸大未来收益率、隐藏糟糕的事实，以及用晦涩难懂的词汇代替简单数学的推销话术和电话已经见怪不怪了。

我是如何知道这个工作不适合我的呢？我是在第一天上班对客户说"很好的赌局"这句话时意识到这一点的。我永远也忘不了那个满脸通红对我大发雷霆的总经理。

"公司不允许使用'赌局'这个词，"他对我说，"我们不是在经营赌场。"

而我则用我最擅长的伪装表示我很理解他现在的心情。由于他的解释并没有消除我的疑虑，所以我回家后又仔细地研究了一下。我很快就了解到"蓝筹股"来源于蒙特卡洛的赌场，因为那里最昂贵的筹码是蓝色的。因此，蓝筹股是指市场上那些价格最为昂贵的股票，人们通常认为这些股票是你可以投资的最大和最安全的股票。这证实了我一直以来的疑虑：股票市场交易就是赌博游戏，而赌博的关键是拼概率。既然我知道我的老板是错的，那么问题就是："我如何让那些概率为我所用并借此机会大赚一笔？"

我每年通过推销股票就能够挣到 4 万～5 万美元，但是我不想成为夸夸其谈的华尔街精英，那通常只是为了粉饰糟糕业绩的障眼法。我不想再过上有老板下有客户的日子了。当然，我更不想推销股票。相反，我希望在不做出政治决策、不受人们的需求和欲望影响的情况下，将所有的精力投入到研究和检验我的投资理念的事业中，这个想法在我看来几乎是非理性的。

没过多久，我遇见了一个名叫杰克·博伊德的交易员，他总是能够赚很多钱。当时，大多数商品交易员都在单一市场从事期货交易，做蔗糖期货的交易员是绝对不会和做小麦期货的交易员有任何交流的。杰克是我认识的唯一一个在多个市场从事期货交易的人，这对我来说太有吸引力了。所以，我希望在他那里谋一份差事，而他也同意了，我的薪水是每年 2 万美元。我的父亲认为这是他听过的最愚蠢的事情，但是我并不在意。当你年轻的时候，你可以住在家里，也可以和室友一起住，只要朝着自己想做且需要去做的方向努力，其他的都不重要。

了解概率

我在杰克·博伊德的杜邦 - 格劳瑞·福根公司（DuPunt, Glore Forgan Inc）开启了新的职业生涯，同时也开始了一个新的学习过程。他的方法虽然不是特别科学，但是我仍然对此很感兴趣。当看到价格朝着某个方向移动时，他就按照当前的运行方向下单交易。当价格不再沿着正确的方向运行时，他就卖出离场。他从来没有说过他是趋势跟踪者，但是他的实际操作都是以趋势跟踪为基础的：及时止损，让利润最大化。当市场价格开始下跌时，他会毫不犹豫选择卖出。当上涨趋势出现时，他也会当机立断地买入。杰克·博伊德是通过分散赌注的形式控制风险的。他打破了传统，在多个市场之间进行交易。我把他所有的交易都记录了下来，发现他每年的收益率是20%左右。他做过很多笔亏损的交易，但是损失非常小。此外，他赢利的交易极少，但是这些交易通常会让他赚得盆满钵满，成为笑傲市场的赢家。有些时候，一两笔交易就贡献了他全年的大部分利润。说到这儿，我有了一种醍醐灌顶的感觉。

我现在知道，我要做的就是杰克·博伊德正在做的事情，只不过我更加科学严谨。我在这个世界上最相信的事情之一就是科学的方法，也就是说，用科学的方法检验你的假设。于是我在厨房的桌子旁边坐下，开始研究手中的价格走势图。我想检验我的想法，并且利用这些结果开发能够用数学证明的交易原则，进而给出明确的进场和离场时机。

由于我对古典数学一窍不通，我只能先从一个更简单的模型开始学起。后来，我找到了爱德华·O.索普（Edward O.Thorp）1962年出版的名著《击败庄家》（*Beat the Dealer*）⊖。索普（由数学教授转行做交易员）测试了成

⊖ 本书中文版已由机械工业出版社出版。

千上万个 21 点扑克牌的押注场景，然后设计了一个算牌系统，任何人都可以使用基本的概率，并增加他们获胜的概率。索普花了一年的时间，在麻省理工学院（MIT）用一台有一间房子大小的大型计算机运行这些场景。

我不会操作计算机，也不会往计算机里输入数据。我不能做阅读障碍患者不能做的事。索普关于扑克牌和概率的研究激发了我的灵感。我的家人都是扑克牌玩家，家里总是能够找到好几副扑克牌。我的父母经常邀请亲朋好友到家里打扑克。你看，虽然我不能操作计算机，但是我很擅长玩儿扑克牌和计数。

我已经快 30 岁了，当时又正值盛夏，每个人都去海滩度假了，而我则像个职业国际象棋手那样，坐在那里完成成百上千次对局。整个夏天，只要我有时间，就会玩儿上几把拉斯维加斯单人纸牌游戏。我在玩儿的过程中研究概率，通过自己的亲身经历证明了一个事实：即使你每件事情都做对了，失败可能仍然是不可避免的，这是因为总是有亏损的可能。我开始认真地思考这个问题。面对不可避免的事情，我该如何准备呢？

四种赌局

大多数人认为赌局分为两种：好的赌局和坏的赌局。

　　通过我早期的经历和其他的研究，我发现赌局其实有四种：好的赌局、坏的赌局、赢的赌局和输的赌局。大多数人认为，你输了是因为赌运不佳，赢了是因为赌对了。然而，这种想法是不正确的。我们所说的好与坏其实指的是概率，赢和输是指最后的结果。你无法完全控制结果，然而有两件事是你完全可以控制的：你下注的概率和承担的风险。

　　假设有两支势均力敌的运动队互相对抗。一个朋友下注 1 美元赌他的队伍获胜。如果你和他对赌，那么你在这个赌局中获胜的概率就是 50%。你潜在的收获是 2 美元，而风险是 1 美元。这就是我们说的好赌局。为什么？因为你的收益率是 100%，而你的损失只有 1 美元。你能够承受这 1 美元的损失，没问题吧？你能冒着 10 美元的风险去赚可能会赢的 20 美元吗？也许可以。但是，要是换成 100 万美元的赌注、50% 的赔率呢？对于大多数人来说，金额越大，下注的结果越差，不值得冒这个险。对杰夫·贝佐斯来说，他愿意冒 100 万美元的风险，因为他的身家高达 1500 亿美元。这就是你要思考赌局和概率的正确方式。

　　如果我在地板上放一块木板，然后告诉你，你走过去我就给你 100 万美元，你会怎么想呢？这简直就是天上掉馅饼的大好事儿。但是，如果我在狂风大作的时候，在曼哈顿两栋建筑物的第 50 层之间放上这块木板，你又会怎么想？结果不用我再多说了吧。

如果你想继续押好的赌局，那么随着时间的推移，平均法则将会发挥作用。然而，你永远不要忘记，有时候你也会下注失败。所有的一切只是这个充满不确定性的世界里的概率，预测是完全行不通的。如果我能够预知一切，那我只对我能够承受的损失下注。

请诸位注意，可能会发生的最糟糕的事情之一就是你在错误的赌局上面挣了一大笔钱。例如，你走在马路上，专心地看着手机，而忽视了周围正在发生的一切。这就是个糟糕的赌局，你可能会被一个连路都看不清楚的老人撞倒。但你猜怎么着？你很幸运，他没有撞到你。实际上，你并不幸运，只是你对风险变得麻木罢了。接下来会发生什么？你会毫无顾忌地继续朝前走，直到一辆公共汽车将你撞倒为止。如果你在错误的赌局上越陷越深，随着时间的推移，平均法则将会反作用于你。这就是你在学校里从来没有学过的概率的本质内容，我现在将其精简成你能够即学即用的方法。

你可以将这些简单有效的概念应用到日常生活的方方面面。为什么？因为我们每天都在用自己的时间、金钱、精力和爱情下注。如果你在某个人身上付出了时间和精力，那么你得到幸福而又稳定的关系这一回报的概率又

有多大？你能够承受的时间和精力的损失是多少？在你
生命中的不同阶段，每一个问题的答案都是不同的。

　　在本书的引言部分，我曾经告诉你要进入游戏；而在
上一章里，我曾告诉你要了解你自己。现在，我要敦促
你找到你想参加的游戏，然后理智地选择做你喜欢做的
事，因为对你的成功来说，这是个很好的赌局。为什么
这么说呢？如果你玩得开心，你就不会介意工作再努力
一点。如果你热爱现在的工作，你就不会把它视为工作。
我非常幸运地找到了交易的方法。对我来说，想办法找
到在我睡觉的时候都能挣钱的方法是件快乐的事情。我
很享受这一切，为了实现它，我甚至愿意不要报酬。

第 3 章

玩转概率：时机的选择

20 世纪 70 年代中期，我从杰克的公司跳槽到了赫兹商品经纪公司，但是结果不太理想，所以我决定自己创业。一开始，我筹集的资金规模并不大，后来又找了几个出资额在 5 万～10 万美元之间的投资者。我以前做过几只这种类型的基金，它们的业绩非常好，这也算是我取得的小小的成功吧。

然而，要想把这个事业继续做大可不是件容易的事。

我在圈内没有什么名气，也没有广泛的人脉，所以管理大规模的资金是很困难的。即使证明我能够让客户的资金翻倍也是不够的。每当我提到期货这个词的时候，人们都会认为只有疯子才会交易期货。另外，由于期货市场是多元化的，从数学的角度来讲，大宗商品市场的风险实际上要小于股票市场的风险，但是不管我怎么解释，人们觉得我在大宗商品市场下赌注，风险会更大。

我意识到我必须要干点儿什么才能把客户吸引进来——我得找点噱头。一天，我碰巧在当地的一家经纪公司看到一本只有12页的小册子，里面的内容涉及期权交易的税收影响。我在那个周末去了法尔岛，独自坐在码头上，花了3个小时研究这本小册子。我之所以花了这么长的时间，一方面是由于我患有阅读障碍症，另一方面是因为里面的文字是用法律文体写成的，很难理解。当我费劲地读完它以后，我意识到我应该成立一个合伙人企业，这样我的投资者就可以把他们在纳税申报单上的普通收入转化成为长期的资本收益，同时还可以省下一大笔钱。你要知道，当时美国人的最高所得税税率是70%，而资本利得税的税率要比它低得多。在某些特殊的情况下，冲销的比例可能会高达4:1。也就是说，投资者在我的基金中投资1美元，就可以让他冲销4美元的收入。我还发现了一种将资本损失计算为普通损失的更好的方法。我做的这一切都是合法的，那些大型金融公司也都是这么干的。

我把这个想法告诉了我的律师西蒙·莱文。（我们开玩笑说，我是一个非常优秀的税务律师。）他想了想，告诉我这个想法是可行的。然后，西蒙用法律手段让它成了现实。我和西蒙一起工作的效率超高。

这是我们公司的一个重要转折点。我们的基金是独一无二的，投资者纷纷慕名而来。这招真的管用，没过多久，我们管理的资金就达到了 500 万美元，然后是 1000万美元，其他公司也试图模仿我们的模式。

20 世纪 70 年代初，制作培根的猪腩吸引了大量资金进场交易。这个市场十年前才开始交易，当时的猪肉批发商想出了一个绝妙的主意，他们把猪腩压成 4 万磅⊖重的巨大冷冻块（比一些小房子还大）。生猪养殖这个行业的波动性非常大，但是现在有了标准化的冷冻单位，猪肉批发商就可以长期储存他们的产品，更好地控制供需关系，从而保护自己不会受到产能过剩或者短缺的影响。不了解猪腩这段历史的年轻读者，可以去看由艾迪·墨菲和丹·艾克罗伊德主演的电影《颠倒乾坤》（*Trading Places*），或者搜索在流行文化中描述商品市场运转的各种流行语。

　⊖　1 磅＝0.453 592 4 千克。

在我开始做猪腩期货不久，我注意到一个趋势：如果你在秋天买入，然后在次年七月卖出，你就能够赚钱。然而，在我请教过的专家中，没有一个人能够给出合理的解释。于是，我开始阅读有关肉类制作的书籍和研究成果，我发现，由于烧烤的流行，美国人在夏季的时候会消费大量的培根和 BLT 三明治（由培根、生菜和西红柿组成）。这就是需求增加的原因。但是我也了解到，在夏季的运输过程中，由于更多的猪在极度闷热的火车车厢中死亡，供应量会下降。请记住，我不会看看市场并告诉它应该怎么办，而是让市场告诉我应该做什么。总之，我已经弄明白了事情的来龙去脉，我要将我的交易思想付诸实践。

问题是，我没有多少资金。所以我采用了 OPM 战略——用别人的钱达成自己的目标，我请别人出钱投资。需要注意的是，大多数人根本没有时间或者专业知识去了解投资是怎么一回事儿。如果你已经做好准备工作，再加上一个对你有利的且经过深思熟虑的想法，你完全可以说服别人投资你的基金，从而筹集到你的第一笔投资资金。不管你是自己创业，还是进场交易，很多人都是从这一步开始的。有一个人请 100 个人帮助他开第一家餐厅，其中 75 个人拒绝了他，而另外的 25 个人同意了他的请求。几十年后，这个人的餐厅遍布全国各地。如果这个人当初没有厚着脸皮向别人筹集启动资金的话，那么现在的一切是绝对不可能发生的。我的第一

笔大交易也是这么完成的。我从家人和朋友那里筹集了
10 万美元，让他们和我一起投资猪腩期货。我自己先行
支付 10% 的资金，然后根据收益情况再向他们收取 20%
的费用。这意味着我可以获得 30% 的收益，而我只投入
了 10% 的资金。我的计划成功了。我的钱从 10 万美元增
加到了 25 万美元，翻了一番都不止，这在当时可是一大
笔钱。这样的交易对我来说非常容易，因为我可以正视
自己的错误。我也喜欢这种交易的速度，就好比我把一
辆奔驰的引擎塞进了一辆福特，然后就出场比赛了。

　　然而，让我感到震惊的是，赚这么多钱并没有让我感
到快乐。实际上，我的内心充满了恐惧。我的一生都因
为残疾而受到限制，现在我终于不负众望，打了一个漂
亮的大胜仗。我再也无法为失败找借口了，而这一点正
是我问题的核心。我现在可以感受到自己和其他人对我
的期望正在上升。我的女朋友甚至也在这个时候给我施
加压力，她告诉我，我们有足够的钱结婚了（我当时还不
想考虑这件事儿）。我还没有为成功做好准备。我觉得自
己在面对最大限度的自由时会不知所措，做任何事都会
感到压抑。谁应该为你的错误负责？如果你做出了一个
你自己都不喜欢的决定怎么办？你要为自己的幸福负责。
赚钱其实并不难，但是找到属于你的幸福可不是件容易

的事儿。我还没有做好准备。

就这样，我带着理想踏上了征途，然后输光了我所赢得的一切。

没过多久，一位从事玉米期货交易的同事找到我，说他有一个非常棒的交易计划，希望我和他一起干。他知道很多关于玉米的消息，而且说得头头是道，他说我们不该错过这个机会。我当时也没有多想，就相信了他的判断，然后开始了玉米期货交易。然而，事实证明他错了，我面临的风险超过了我的承受能力。

事实上，这次的赌局从理论上讲是一个好的赌局，但是大范围的降雨导致玉米现货价格出现了有史以来最大的一次暴跌。

看着玉米的价格如自由落体般下跌，我惊呆了。我眼睁睁地看着我的钱瞬间化为乌有。你要知道，我可是在这个巨大的赌局上面加了很大的杠杆啊！我在巨亏的泥潭中越陷越深，无法自拔。如果亏损太大的话，我知道自己可能永远都不会有翻身的机会了。

我已经绝望了，于是走出办公室，来到了楼梯间。虽然犹太人是不会轻易下跪的，但是我还是跪在了地上开始祈祷："上帝啊，请不要让我陷入债务危机，我不在乎能不能赚到钱，我只求能够脱离困境。"就在这个时候，一群从瑞士来的人走下楼梯，吃惊地看着一个穿着古板的年轻人跪在地上祈祷。我当时看起来一定非常滑稽。

"先生，您需要帮助吗？"其中一个人问道。

我踉跄着站了起来。"哦，我没事儿，谢谢你。"随后我又回到办公室，继续面对前途未卜的命运。

玉米的价格开始探底回升，我最终落得个不赔不赚。我也不知道这到底是怎么回事儿，可能是上帝对我的祈求做出了回应，也可能是我的运气太好了吧。不管怎样，这次交易对我来说是一次很好的学习经历。首先，我在没有做任何调研的情况下就轻易地相信了那个玉米贩子的所谓内部消息。然而更重要的是，这次失败的交易给我在风险控制方面好好上了一课。我意识到我的赌注已经超出了我能够承受的亏损范围。和大多数人一样，我是在考虑到玉米价格会上涨的情况下投下重注的，而没有把可能出现的更糟糕的情况考虑进来。我发誓再也不会这么干了。不要忘了，我的原则的第一条是加入游戏。如果不买彩票的话，你永远都不可能中大奖。但是我的第二条原则同样重要：如果输光了筹码，你就再也没有机会下注了。

- 第一条原则：加入游戏。
- 第二条原则（同样重要）：如果输光了筹码，你就再也没有机会下注了。

愚人轻举妄动

玉米期货的惨痛教训让我下定决心不能再做出这样的事情了。这次经历让我知道必须敬畏风险。我清楚地认识到，成功的交易取决于概率，也就是依靠算法取胜，而不是祈祷神明保佑。我要计算出概率，然后通过各种投资策略进行测试，最终找到能够跑赢市场的最优方法。我的目标就是建立一个基于概率的模型。

我正在寻找一种能够让获胜的概率对我更有利的方法。顺着这个思路，我对博弈论这个新兴的领域产生了兴趣。简而言之，博弈论是对战略决策的研究，运用数学模型预测在既定规则下各个玩家之间的相互影响。该理论假设所有的玩家都是理性的，并且都会为了自己的利益行动。你可以说博弈论自从古代的将军们制订作战计划的时候起，就已经以某种其他的形式出现了。然而，当数学家约翰·冯·诺伊曼和经济学家奥斯卡·摩根斯特恩在 1944 年共同发表了论文《博弈论和经济行为》时，博弈论才正式呈现在人们面前。从那时起，学者和商界人士将博弈论应用到了哲学、心理学、政治、汽车保险、婚姻、进化生物学、军备竞赛以及扑克牌等每一个可能的应用领域中。

20 世纪 70 年代初，我去了纽约大学的科学图书馆，在那里尽可能多地阅读有关博弈论的书籍。我此行的目的是发表一篇论文，以此增加我的声誉和可信度。然而，我找到的大部分图书写满了高等数学，在我看来，里面的内容和象形文字没有什么区别。我只能通过前言部分的内容总结我需要的资料。尽管如此，我的想法依然清晰。要想做出好的决定，你必须知道自己所处的位置，以及你的选择是什么。我不是数学家，所以我需要找个人来验证我的想法。实际上，在我的职业生涯里，我总是需要量化分析师和计算机专家来执行我的想法。因为我当时资金紧张，所以我很乐意给他们提供信贷支持或者股权，而不是付钱给他们。

1972 年，我遇到了年轻的史蒂夫，一个刚刚从塔夫茨大学毕业的金融工程师。我们两个在《商品期刊》（Commodity Journal）上共同发表了一篇名为《博弈论应用》（Game Theory Applications）的论文。这篇论文引起了极大的关注，因为此前还没有人证明博弈论能够应用于期货交易，而我们做到了。

我们首先引用了阿尔伯特·爱因斯坦的论述，他认为狭义相对论不是基于推测，而是基于"让物理理论符合可以观察到的事实的愿望"。这里的关键词是"可以观察到的事实"。我们将运用这种方法确定概率，就像我们在论文当中解释的那样：

我们能看到一组可以观察到的事实，或者一个单独的事实，随之而来的是一个事件。然后我们计算这些可以观察到的事实发生的次数，再除以这些事实随后产生事件的次数。这就是我们计算概率的方法。

换句话说，如果你认为市场会在特定的条件下以特定的方式运行，那你就测试它一千次，计算出概率。

其次，我们认为游戏都是有规则的。规则有时候可以让人受益，但会限定行动路径。例如，你不能回头去看出过的牌是哪些，这是规则。你只能观察并且记牌。我们再来看另外一个例子：人们按照第一、第二直至最后一个的顺序出牌，这里的每一个顺位都有特定的优势和劣势。至于职业扑克牌选手，人们很难搞清楚他们是怎样吃透比赛规则并让自己在整个比赛的过程中受益的。我们就是要像职业扑克牌选手那样思考。

博弈论为你展示了三种可能性：叫牌、加码和放弃本局。假设你已经关注了这些选项，那么每一个选项的获胜概率又是多少呢？

考虑到三个因素：可以观察到的事实、游戏规则、可以获得的三种选择（叫牌、加码和放弃本局），我们这篇论文认为你有机会在不受更多惩罚的情况下选择是否下注和下注的时机。因此，时间是你的军火库中火力强大的武器。

为了说明投资期（time horizon）在实际中的应用，我们假设你在玩儿 21 点的时候已经拿到了 17 点，你需要一张 4 才能赢，但是你发现已经有两张 4 被翻了出来。那么你现在抽中剩下两张 4 的概率有多大呢？可能性很小。假设你有 1/20 的机会，这意味着它有可能发生，但不是一个好的赌局，你最好不要这样干。你要等待下一个更好的机会，直到赢的概率对你有利为止。这就是我要说的控制好下一次下注的时机的意思。这就是你作为投机者的优势。

在赌场的牌桌上，你只有先下注才能知道接下来会发生什么。但是，对于交易商品期货的投机者来说，你不需要这样做，因为你不需要先进入市场然后再看会发生什么。你要做的就是观望，直到发现最有价值的可能性，再选择进场的时机。是否有一只股票或者某种大宗商品在过去的六个月中一直上涨？是否某种特定商品的 30 日平均线已经触及了某个临界值，从而证明你应该跟随这波上升趋势呢？如果没有，请耐心等待。只有在市场满足你的条件时，你才能进场跟上趋势。

　　当你下次做决定，感觉需要在某件事情上下注时，请先停下来问问自己，哪些是可以观察到的事实？

　　了解自己的投资期会让你拥有惊人的生活技能。我应该嫁给这个人吗？我要买这套房子吗？我应该接受这份工作吗？我应该退休吗？这些都是重要的赌局。如果你在时间上留有余地，那么你就有了强大的优势。你可以在成功的概率对你最有利的时候，根据当时的条件和时机，决定是否下注。

❖

下注是为了赚更多的钱

　　所以到现在为止，我希望我已经讲清楚了，为失败留出空间和敬畏风险是基本的原则。但是还有一件同样重要的事：你必须时刻留意那些能够带来丰厚回报却没有巨大风险（我们称之为不对称）的赌局。记住，如果你总是赢，但只赢了很少的钱，就说明你还没有真正地赢过任何东西。

　　这是因为赚小钱是有风险的。如果你只获得了很少的收益，你就无法弥补将要面临的很多个小损失。你看，我每次都是赚一大笔钱才离场的。普通人到现在都不明白这个游戏是怎样运转的，他们只是在看似安全的赌局上赚有数的小钱。但问题是，这种做法并不像看起来那样安全，因为如果你没有很多钱，就不能避免那些不可避免的损失——无论是一笔糟糕的交易，还是突然出现的健康问题，或者是其他什么问题。如果你得了癌症，而一种保证能治愈的药物需要花费 25 万美元，怎么办？如果你没有那么多钱，你就不会有任何安全感。

要想挣大钱，你必须把赌注押在那些有巨大潜在回报的东西上。如果你经常这样做，那么获胜的概率最终将对你有利，而且随着时间的推移，你会赚得盆满钵满。这就是为什么你应该一直关注，并且将赌注押在一个超级大的机会上面。机会不是每天都有的，但是当它出现的时候，你一定要抓住它。这就是我所说的投资期——我们有机会赚一大笔钱的时候，特别是那些能够改变我们一生机会出现的时候。

20 世纪 70 年代中期，我在咖啡市场上发现了一个重要的机会。当时，咖啡的价格非常低，市场上供大于求，农民损失惨重。在研究了 50 年来的气候模式和供需数据后，我发现咖啡的消费量在很长一段时间里呈上升趋势，但是价格却始终在低位徘徊。所以，我相信咖啡的价格一定会涨起来，于是我就买入了咖啡期货的看涨期权，押注价格会上升。我关注的不是回报的多少，而是咖啡这种全世界最受欢迎的饮料的价格反弹的可能性。

这个概率非常高，所以我决定在一年的时间里押注 100 万美元。我每次只买入 25 万美元的期权，相当于我两个月的交易收入。在当时，这对于我来说是一个很大的赌注，我也问自己是否准备好输掉这笔钱。答案是准备好了。虽然我已经对咖啡价格上涨的趋势做了详尽的研究，但我做仍然好了在交易失败时承担损失的准备。不过概率告诉我，我的这个赌局能够让我大赚一笔。

赌局中有好的赌局和坏的赌局。好的赌局是指你有很高的概率赚到比你所冒的风险更多的钱，而坏的赌局是指你冒了很大的风险却赚到了很少的钱。作为投机者，你应该去参与好的赌局。

1975 年初，咖啡的交易价格是 60 美分，一年后涨到了 1 美元。又过了一年，它的价格翻了一番，涨到了 2 美元。不少好朋友给我打电话说："拉里，可以啊，你已经赚了 600 万美元了，赶紧获利了结吧。"但是我对他说："还没到时候，它的趋势还会延续。"有一个 32 岁的家伙在贸易公司上班，他整天盯着计算机看行情，已经快被折磨得崩溃了。但是，在这波从 60 美分上涨到 3.1 美元的趋势中，我的资产从最初的 50 万美元上涨到了 1500万美元。当趋势反转开始下跌时，我最终赢利 1200 万美元。这真是个激动人心的时刻。我当时 35 岁，拥有 1200万美元。我们家从来没有人拥有过 1200 万美元的财富。我的生活将从此迈上新的台阶。

然而我的内心却有个声音在说："不可能这么好。"我

在心理上还没有为成为大赢家做好准备。有些人追逐成功，但永远不会满足。当我大获成功时，我对自己说，我不可能再重复财富在一年以内从 50 万美元上涨到 1200 万美元的奇迹了。这种事再次发生的概率有多大？我并没有去研究成功的诀窍，而是对自己说："你这家伙太幸运了。"我这么说是有一定道理的。从哲学的角度来讲，我确实很幸运。当你和那些背井离乡的难民交谈的时候，你就会非常清楚地感受到运气的重要性。比如说，如果你出生在叙利亚，你的家园被战火夷为平地，梦想又从何谈起呢？我意识到，出生在一个美国的中下层家庭，让我在很大程度上规避了某些让自己身陷绝境的危险。所以我在想，考虑到我在一出生就遭遇了不幸，然后通过巨额的咖啡交易让自己实现了从穷光蛋到拥有豪宅的巨大飞跃，我确实像我所希望的那样幸运了。我的生活有几年的确陷入了低谷。现在，我给家人买了一栋漂亮的房子。我还是一如既往地做我的交易，挣钱过日子。

回想起来，咖啡期权的交易教会了我想让自己的子孙后代知道的东西。如果你在一场大的赌局中表现得充满智慧，你就会成为最大的赢家。如果你现在身处一场能够让你大赚一笔的交易中，请务必记住这一点。

我之所以可以拿出 50 万美元下注，是因为我已经做好了愿意失去这笔钱的准备。我曾经以为用 50 万美元可以挣到 300 万～400 万美元，但实际的结果要比这个数字多得多。我需要过一段时间才能接受这个事实，但是有的时候，你在生活中得到的回报要比想象中的多。

提高约会成功的概率

早在那些讲述恋爱成功率和恋爱技巧的书籍面世之前，我就已经决定要把我的投资策略应用到约会当中了。约会就像投资一样，如果你不参与到游戏中来，你就不可能获胜。然而我面临的最大问题是，人们在约会中首先关注的就是外表。我长得不好看，这是显而易见的事实，所以，聚会或者酒吧之类的社交场所对我来说不是一个结交美女的好地方。我想出了一个与众不同的方法来玩儿这个游戏，从而至少提高我在初次见面时过关的概率。首先，我会去购物中心，因为这里的女人比男人多。然后，我注意到一个漂亮的女人，她独自一人，看起来有点无聊，或许她正在午休。这时我会走上前去问她愿不愿意和我喝一杯咖啡。因为是在公共场所，我的做法是安全的，所以这个邀请不会冒犯到他人，大约四分之一的女性表示愿意。

然后我们一起喝咖啡。我肯定会表现出对她们很感兴趣，而不是谈论我自己，这会提高你的成功率。如果我们聊得很开心，我就会采取下一步行动，邀请她们出去吃饭。这次只有三分之一的女性表示同意。如果进展顺利，我们就开始约会了。我用这种方法和很多优秀的女人约过会，当然也喝了不少咖啡。如果有人在和合适的人约会时遇到困难，甚至根本没有机会约会的时候，像我一样把成功的概率放在对自己有利的位置上总是有用的。

　　然而，我并没有在购物中心遇到我的妻子西尔比。一年夏天，我在法尔岛和朋友们合住一栋房子的时候遇到了她。她是我的一个室友的客人，我们第一次见面时，聊了整整一宿。第一次约会时，我们整个晚上都在一起大笑。她觉得我很有趣，她是个爱笑的人。我们之间进展得很顺利。由于我们都想要孩子，所以我们就结婚了，并且孕育了两个非常优秀的女儿。西尔比属于那种十分正统的英国妇女，她和她的母亲都是社工。我们两个完全不同。我曾经对她说，我们在社会工作中处于完全不同的两个极端。"我帮助的是社会中的少数人，也就是富人，而你帮助的是更普通的人，即穷人。"我们的世界观互相影响着彼此，这段美好的婚姻持续了 32 年，直到她在 2008 年去世。在下一章中，我会分享更多关于我的交易方法的事，以及如何在爱情和婚姻中运用这些方法。现在，我只能说我在西尔比身上下了很大的赌注。

❖

我希望你能够在我的方法中找到价值，关键在于趋势跟踪。我不喜欢给自己压力，所以这很适合我。对我来说，趋势跟踪很简单，也很有效，我靠它赚了很多钱。

趋势跟踪方法也符合我的优点，我很快就把它转化成了一套实用的系统。结果，我在这种行之有效的新方法基础上创造了属于我的交易体系。这就是为什么很多例子都来自我自己的亲身经历。由于我知道自己的生活中都发生过什么，这一切都是可证实的。

失败者的胜利指南

有一次，我和一个人去赛马场，他告诉我，在这里一定不要错过押注矮种马的比赛。他的父亲是萨拉托加的头面人物，为了不让他扫兴，我也加入了赌马的游戏。我看了看单子，什么也没干，只是把一大堆小赌注分别押在了所有能够赢得比赛的赛马身上，所以我获胜的概率是很高的。我不关心每匹马的情况（我对它们一无所知），我对每次下注的结果也漠不关心。一天下来，不夸张地说，我赚了一大笔钱，比我的那个朋友赚的多得多。你要知道，他对马匹、赛马场和环境的了解要比我强一百倍。在这种情况下，我这个什么都不懂的门外汉反而让自己在这场赌局中处于了有利位置。我把这次的赛马场经历当作失败者的胜利指南。我把赌注分开，让每一笔都足够小，这样一来，即使我输掉了所有的赌注，也不会输多少钱。因为我参与赌局是为了生存。

当我成功时，我有时候会问自己为什么会这样。多年以后，我和明特担保有限公司基金的同事们在英格兰相聚，他们都在这家我一手创建的公司中赚了几百万美元。这些人都是来自剑桥和牛津的精英。当我绕着桌子挨个儿问他们是否比自己的父辈更聪明时，他们都说自己没有那么聪明，或者说不比他们的父辈聪明多少。我说："为什么我们赚的钱会比他们多十倍呢？"我告诉他们是因为我们激活了超越父辈的基因。我们之所以会赢，不是因为自己的才华，而是因为押对了赌局，把风险降到了最低。因此，你下对了赌注，就有可能获得巨大的人生收益。

你可以选择是按照优先级的顺序去实现自己的愿望，还是让自己的生活被事件所支配。你必须充分利用所有的工具，让获胜的概率对你有利。时机就是一个优势，你要从战略的角度决定何时下注。此外，你下注的大小起到了关键的作用。在每一次大行情开始的时候，你要问问自己："我能赚多少钱？"毕竟，你的付出与回报是要成正比的，对吧？最后，你还要再问问自己："我会输掉多少？"因为没有人愿意干丢了西瓜捡芝麻的事儿。

| 第 4 章 |

趋势跟踪：及时止损，成为赢家

　　大卫·李嘉图（1772—1823）是我崇拜的个人英雄之一，这位才华横溢的英国古典经济学家不仅对我，而且对整个世界都产生了巨大的影响。下面就请读者与我一起走进大卫·李嘉图的世界一探究竟。

　　李嘉图出身于一个显赫的犹太人家庭，他的祖上曾经被葡萄牙的天主教会驱逐，后来定居荷兰。他的父亲亚伯拉罕出生在荷兰，随后举家迁往伦敦（李嘉图在伦敦出生），并且成为伦敦交易所一名非常成功的股票经纪人，以及伦敦犹太人社区的领袖。李嘉图十几岁的时候就跟随父亲学做贸易，但他是一个有着独立思想的人，总是和他父亲的传统思维方式格格不入。李嘉图21岁的时候，和一个叫普里西拉·安·威尔金森的贵格会教徒私奔，两人随后成了一神教派的信徒。与原生家庭断绝关系的李嘉图开始自谋生路，虽然手头比较拮据，但是凭借着良好的声誉，他得到了一家名声显赫的银行的资助，得以让他在市场中开启自己的职业生涯。李嘉图的事业风生水起、蒸蒸日上，但是他对思想层面的追求却与日俱增。他学习了经济学和数学，并且在年近40岁的时候开始出版他关于自由贸易（李嘉图是该理论坚定的支持者）、工资、货币、劳动论、政治经济学以及边际效益递减规律方面的著作。他与约翰·斯图尔特·密尔、亚当·斯密和罗伯特·马尔萨斯一起开创了现代经济理论，并深深地影响着后人。

在李嘉图那个时代，他的声望主要来自一次押注，对他来说，一生的交易和投机只不过是这次押注的彩排而已。1815年，李嘉图以极低的价格买入英国政府债券，押注拿破仑战争的结果。（据说此次押注的灵感来自他渊博的学识，但是无从考证。）当威灵顿公爵在滑铁卢击败拿破仑的消息从比利时传来后，英国的证券价格飙升，此时坐拥100万英镑的李嘉图几乎一夜之间成为全欧洲最富有的人之一，这笔钱相当于今天的 8000 万英镑。

李嘉图去世之后，一位名叫詹姆斯·格兰特的英国报纸编辑描述了李嘉图成功的秘密：

> 李嘉图先生通过严格遵守他提出的三大黄金原则积累了巨额财富，并且经常和他的好友强调：（1）当你能够抓住一个机会时，永远不要拒绝它；（2）减少亏损；（3）让你的利润最大化。
>
> 关于"减少亏损"这个原则，李嘉图的意思是，当某位交易者买入了一只股票，而股价却在下跌时，他应该马上卖出。
>
> 关于"让你的利润最大化"这个观点，李嘉图的意思是，当某位交易者买入了一只股票，而股价正在上涨时，他应该等到股价涨到最高点后开始下跌的时候再卖出手中的股票。

现在我已经和大家分享了我在交易方法和生活中遵循的三大基本原则：加入游戏；如果输光了筹码，你就再也没有机会下注了；确定并提高赔率。

然而，第四点才是最重要的。这就是李嘉图原则，也是本书书名的内涵：减少你的亏损，让利润最大化。简单地说：当有些事情进展不顺利的时候，请马上停止；当有些事情进展非常顺利的时候，请继续做下去。这个原则是我做交易时采用的趋势跟踪方法的核心内容。我几乎每天都要把这句话重复一遍。如果你喜欢乡村音乐，可以把传奇歌曲《赌徒》（*The Gambler*）的歌词找出来念一念："你已经知道什么时候要抱紧它，什么时候要放弃它……"

来看看这个原则是怎样具体操作的吧：你要观察某一标的现在与过往的价格之间的联系来确定其处于上涨趋势中。例如：如果某一大宗商品或股票的价格高于过去40天或50天的价格，那么更多的投资者就会相信它还能再创新高，因此你现在就可以买入并且跟上这波上涨趋势。那什么时候卖出呢？只要问问自己能够承受多大的亏损就可以了。假如说，我能够承受的亏损是2%，即只要价格回撤2%，我就会将这个标的从我的投资组合中剔除。这个2%就是我能够承受的风险。也就是说，及时止损才能让你成为赢家。这就是你赚钱的原因。

统计规则

我在此先声明一下：趋势跟踪方法不是我的个人专利。李嘉图也只是众多趋势跟踪方法实践者当中的一员。例如，理查德·唐奇安经常被称为现代趋势交易之父。他毕业于耶鲁大学和麻省理工学院，作为交易员的他注意到大宗商品的价格通常会沿着趋势运动。也就是说，如果某种商品的价格上涨或者下跌，它至少会沿着当前的方向运行一段时间。在 20 世纪 60 年代，理查德·唐奇安开始为《商品趋势时间》（*Commodity Trend Time*）撰写每周新闻通讯，同时宣传他的"四星期原则"策略，即当价格触及四个星期的新高时买入，触及四个星期的新低时卖出。

这并不是说趋势跟踪已经过时了，实际上它确实在发挥作用。然而，我和我的合伙人应该是第一批通过基于数据和回溯测试创建系统化的方法实现自动化交易的人。也就是说，我们通过科学的方法证明了它的有效性。此外，我们还处于一个伟大的时代。20 世纪 70 年代，性能越来越强大的计算机的出现，让我们进行系统研究的愿望成为可能。实际上，我认识的一个交易员艾德·塞柯塔是最早创建计算机趋势跟踪交易的人之一，他最初使用的是穿孔卡片。

然而，我总是说：驱使我这么干的不是贪婪，而是懒惰。我要让金钱为我所用，而不是成为金钱的奴隶。我的目标是建立一个自动交易系统，这样我就不会因为市场的涨跌而苦恼了。有了这套系统，我就可以在晚上踏踏实实地睡觉了，更让人兴奋的是，我还可以一边睡觉一边赚钱。我这么做并不是因为自己狂妄自大，实际上恰恰相反，我总是把自己在童年和青年时期经历过的很多次失败归结为自己的错误和局限性。为了避免人为的错误，我希望采用一种经过严格测试的统计方法，在处理大量数据时得到验证。当杰克·施瓦格为他的《金融怪杰》一书采访我时，我是这样解释的：

> 让这个行当变得如此美妙的原因是，你可能不知道明天会发生什么，但是你可以拥有一个非常好的想法预见未来会发生什么。
>
> 保险行业为我们提供了完美的例证。我们以一个 60 岁的老人为例，你根本不知道一年以后他能够活下来的概率有多大。然而，如果你拿到十万个 60 岁老人的数据，你就可以很好地估算出他们中有多少人能够在一年以后活下来。而我们现在正做着同样的事情，我们要让大数定律发挥作用。从某种意义上来说，我们干的是交易精算师的活儿。

趋势跟踪方法并不仅仅适用于大宗商品市场或期货市场，你也可以在股票市场运用它。最近，一个朋友告诉我，他正在运用趋势跟踪方法大量买进微软公司的股票。我们讨论了微软如何以每年 50% 的增长速度引领云服务市场。在刚刚结束的最近一个财年中，微软此项业务的增速达到了 100%。截止到 2019 年 2 月我对微软的财务报告做最后一次审查时，微软的股票价格仍然接近于其 52 周的高点 116 美元／股。然而，2018 年标准普尔 500 指数整体下跌了 6.2%。

这无疑是一个非常强劲的趋势，对股价如此强势的表现，我们有多种可能的解释。例如：微软作为企业云技术的领军者积极投资布局，目前该业务实现了井喷式增长。多年以来，微软由一位强势的 CEO 掌舵前行。此外，微软仍然保留着其利润丰厚的授权外部合作伙伴的模式。这些因素当然很有影响，又引人关注。然而，一家公司的基本面并不是吸引我这个趋势跟踪者的主要原因。趋势跟踪者之所以会买入微软的股票，是因为它的股价正在上涨，而且长期的上涨足以形成一种趋势。趋势跟踪者不会试图预测这种趋势会持续多久。当趋势改变、开始下跌时，他们就会卖出离场。换句话说，我不赚钱是因为我什么都懂，我赚钱是因为我做了市场让我做的事。你看，我就像一个赌徒，凡事喜欢平均，我的风险分散得很广，以至于没有哪一笔交易会过于情绪化。我喜欢自己工作场所的枯燥乏味（对着屏幕大声喊叫绝对不是我想要的）。

在交易领域中，一些交易员利用各种各样的软件包分析市场中不断流入的大量资金数据，每天、每小时进行大量的交易，试图通过市场微小的波动对冲损失。如果得到规模很大的银行和大量员工的支持，有些技术方法可能会奏效。然而，由于交易员往往过分依赖图表和无穷无尽的数据集，反而失去了摆在眼前的大好机会。我不需要几百万张图表或者数以千计的基础数据来告诉我微软的云业务正在蓬勃发展——这是趋势告诉你和我的。

各位读者，我尊重经济学家和历史学家纯粹的智慧和贡献，他们试图理解全球市场并建立统一的人类行为学和市场动力学理论。然而，我不相信有哪种理论能够在现实充满危险的金钱世界里经受住认真的推敲。

当你开始相信自己拥有非凡的预测市场的能力时，你就会让自己陷入每时每刻的困境当中。重复一遍，我总是在交易时做出错误的假设，我想这在你自己的金融生涯中也应当是一堂必修课。你要不断地问自己："在这种情况下，最坏的结果是什么？"最坏的结果就是我们的底线。我们总是想知道我们面临的风险是什么，我们的损失到底有多少。

有意思的是，趋势跟踪者在危机期间往往表现得很出色。这是为什么？因为大规模的抛售行为会在所有市场产生引人注目的趋势。正如我的朋友迈克尔·卡沃尔在他的著作《趋势跟踪》中所讨论的：

> 我们必须对驱动市场的经济条件有一个共识，才能与市场的步调保持一致。当某一公认的重大事件发生时，例如 1998 年的俄罗斯债务违约事件、2001 年 9 月 11 日的恐怖袭击事件、2002 年的企业会计丑闻（以及 2008 年的股票市场崩盘），现有趋势往往会加速发展……事件不

会发生在真空之中……这就是趋势跟踪很少与事件相背的原因。

我在现代自动化的帮助下将自己的交易原则系统化了，我行动迅速，不会等到市场下跌 50% 以后再采取行动，进而让损失超过我个人的承受能力。我暂时离场以保全资本，然后期待下一个上涨的机会，因为下一个机会迟早都会到来。

如何看待买入并持有策略

我在此所描述的与华尔街的传统建议截然不同，后者告诉投资者的买入并持有策略是用被动的方法持有投资组合。在这种思想流派中，当价格下跌时你最好什么都不要做。这种思想认为投资者不要在意市场的波动，而是要等它结束调整，因为随着时间的推移，股票市场总是上涨的，而你也会做得很好。

这种买入并持有的方法是基于有效市场理论的，即市场是理性的，因为每个人获得的信息都是相同的，价格会根据正确的价值进行相应的调整。简而言之：市场总是赢家。因此，普通人挑选的股票是无法跑赢标准普尔指数的。

我有过低买高卖的经历，所以我相信，当这种策略成功时，它毫无疑问就是一场意外的惊喜。为什么这么说呢？因为没有人能够确定一笔财产、一只股票或者任何一个市场会什么时候上涨，包括你的人生奋斗何时能够拨云见日也是如此。当然，你也许很擅长买入并持有策略。但是，你同时也要忍受长期的经济繁荣和萧条，以及潜在的重大损失——对于大部分人来说，亏损可能是无法忍受的。例如，我们看看历史上标准普尔指数的走势，很明显，如果你在20世纪50年代初投资了标准普尔指数基金，并且在70年代初卖出离场，那么你的买入并持有策略将会表现得非常出色，因为当你离场的时候，市场正在高歌猛进。然而，如果你直到1982年4月才离场的话，结果又会如何？你肯定会心碎的，因为这个时候的标准普尔指数再次开启了暴跌模式。

请你永远不要忘记，没有人可以预见未来。历史上有很多非常成功的公司在时代变迁的重压之下意外倒下。在我的记忆中，安然公司就是典型的代表。安然公司最后的结果如何？不管别人怎么说，你都不应该相信这家公司能够知道未来几年经济和市场会发生什么。用这种方式预测未来是非常危险的。我们今天生活在一个高速增长的高科技创业经济中，各行各业在不到十年的时间里起起落落。有着几百年历史的手工排版行业，依靠着代代相传延续至今。然而，随着计算机和数字排版的出现，这个行业在短短几年的时间里就被彻底摧毁。

另一个生动的例子是什么呢？优步（Uber）2009年才进入美国市场，如今已经价值600亿美元。优步、来福车（Lyft）和 Grab⊖已经在全球范围内重创了出租车和豪华轿车产业。我敢打赌，在 2009 年以前，每一个优步股东都不曾想过黄色的出租车会像马车一样过时。

我们再来看看电话的现状。当我的大女儿十几岁时，我知道她要和谁一起出去，因为只要电话一响，我们就会接听并询问对方是谁，然后叫她过来接电话，那个时候的电话还是挂在墙上的玩意儿。三年以后，电子邮件的出现让我已经不知道我的小女儿在和谁约会了，她就是通过电子邮件安排自己的社交活动和约会的。现在，如果她们两个人都没有结婚的话，她们会使用 Tinder⊜。这款软件于 2012 年问世，它通过双向选择，消除了人们在遇到潜在约会对象时被拒绝的恐惧，因而成为各年龄段成年人即时约会的首选软件。该软件的母公司 Match Group 最近的估值是 30 亿美元（2017 年）。最近一次一个年轻人给另外一个年轻人打电话约对方出去是什么时候的事？我相信，Tinder 的滑动界面肯定会以不同的形式在求职和其他我无法预测的某些领域非常流行。我敢肯定这个玩意儿会在将来的某一天被其他的东西取代。我们生活在一个用完即弃的社会里……我的原则是行之有效的。

我的意思是说，坚持低买高卖和买入并持有策略是有其合理性的。因为没有哪一种交易或者投资方法能够做到百分之百正确，让你的投资组合丰富并且多样化才

⊖ 东南亚网约车和送餐平台公司。
⊜ 国外一款手机交友软件。

是最好的选择。言归正传，由于人们通常认为必须通过基本信息做出市场决策，所以趋势跟踪对于他们来说是比较激进的做法。趋势跟踪属于量化分析方法，只根据价格做出买卖决策，这显然有悖于那些盛行于坊间的分析方法。趋势跟踪讨论的是概率问题，而华尔街则更专注于讲故事和预测行情（遗憾的是，人们花费了大量的时间预测市场）。所以不出所料，很多投资顾问仍然推崇买入并持有的资产投资策略，而无视其他投资方式。然而，采用趋势跟踪方法的对冲基金和交易所交易基金（EFTs）的兴起确实丰富了传统的投资组合，从而使投资多样化成为可能，而普通投资者也得以近距离观察趋势跟踪方法。

趋势跟踪和买入并持有策略的比较

2000年1月～2019年6月，趋势跟踪（法国兴业银行的SG CTA指数）与股票市场（标准普尔500全收益指数）的比较。

资料来源：Alex Greyserman and Kathryn M. Kaminski.

在一项比较平均年增长率的研究中，我的同事亚历克斯·格雷瑟曼和他的合著者凯瑟琳·卡明斯基发现，在1992～2013 年这 20 年间，趋势跟踪的收益率（以巴克莱CTA 指数衡量）要优于股票的表现（以标准普尔 500 全收益指数衡量）。大部分的研究结果表明，如果你的投资组合中这两种方法各占 50% 的话，你的收益率会表现得非常好。

	巴克莱CTA指数（采用股票波动策略）	标准普尔500全收益指数	50:50组合策略
平均年收益率（%）	10.9	9.22	10.37

资料来源：*Trend Following with Managed Futures: The Search for Crisis Alpha* by Alex Greyserman and Kathryn M. Kaminski.

趋势跟踪在生活中的实践

奥地利学派经济学家路德维希·冯·米塞斯（1881—1973）写道："一个人永远都不要忘记，你的一举一动在时间的变迁中都会被记录下来，当然也包含我们的投机交易。"

我对此毫无异议。生活本身就是持续不断的赌博，我们每天都必须面对生活中的不确定性。其实，生活就如同市场，我们必须承认自己的无知。我们只能依靠眼下能够观察到的事实做出决策，而这并不意味着我们就是对的。

人类在市场或者生活中都是不理性的。例如，我们都知道要想减肥就应该少吃多运动。那么为什么人们不这么做呢？我喜欢用爱情和约会为例来帮助人们理解我的想法。追求爱情的人要远远多于追求财富的人，这与人们对异性的爱慕、追求并找到真爱的喜悦，以及失去爱情的沮丧密切相关。毕竟，人类的头等大事是孕育后代，这也正是人们追求浪漫伴侣的动力如此强烈的原因。

在金钱和爱情中都存在风险。当我们把自己托付给别人以求（或者说希望）得到更大的利益时，往往会面临巨大的风险。通常情况下，我们只有在得到某些积极的东西时才会继续维持两个人当下的关系。在情侣关系的早期阶段，你对影响两个人关系的负面因素能容忍多久呢？时间应该不会太长吧？如果20年后你组建了家庭并有了孩子，你该如何面对？你如何管理风险？事情会变得越来越复杂。

再来看看我的基本方法吧，我会告诉你应该怎么做。

1. 加入游戏。你很清楚你未来的配偶不会主动出现在你的门前，这种可能性也许只有十亿分之一。你知道只有走出家门才有可能遇见你的另一半，所以你得把自己打扮得漂亮点儿，涂上口红或者擦亮鞋子，去参加舞会、派对，或者到酒吧、教堂坐一坐，再或者去工作。总之，你得去个人多的地方。（以 Tinder 为例，你可以先来一张帅气的自拍照，然后把自己好好夸奖一番。没错，你现在已经进入游戏了。）

2. 制定明确的目标。例如，印象深刻的谈话还是充满睿智的幽默感？没有附加条件的性关系？以结婚为目标？让自己引人注目？赚很多钱？和你是相同的种族并且有相同的宗教信仰？你知道自己想要什么。是的，你已经为自己要寻找的另一半设定了目标。如果你没有仔细思考这些问题，你要碰上大麻烦了。

3. 将风险降到最低。你愿意第一次约会就去看最贵的演出、去商业区里最贵的餐厅消费吗？可能不会。但是，在你最终找到真爱之前，你是否愿意和那些有可能成为你另一半的人去外面喝杯咖啡、饮料或者吃中餐呢？答案是肯定的。你大概率会用博弈论来控制你下注的时机。博弈论通过可观察到的事实决定成功的概率，是这样吧？因此，如果没有人符合你的要求，你宁可什么也不做，也不会把大量的时间和金钱浪费在一个你已经知道不会成功的约会上面，对吗？这就是对生活中许多令人感到困惑的情况采用的一种清晰的思考方式。

4. 快速止损，成为赢家。你会为结婚花费大

量的时间、金钱和精力，尽管有可能离婚。特别
是在刚开始交往的阶段，不要把你的资源浪费在
错误的赌局上才是重中之重。

爱情和趋势跟踪

在下面这些情形中，你会在哪个位置下注？

有时候你会觉得那个有可能成为你的另一半的人还是
很不错的，这种良好的上升趋势也在有条不紊地运行着，
但是出于某些原因，你感到惊慌失措，然后从这个趋势
中跳了出来，并且终止了这段感情。你问问自己为什么
要从这个良好的趋势中跳出来。你认为生活没有那么美
好吗？你认为自己不配拥有那么好的东西吗？

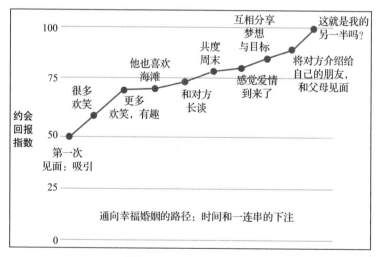

爱情和趋势跟踪：成为赢家

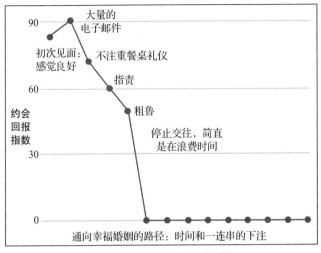

爱情和趋势跟踪：及时止损

在我的第一段婚姻里，趋势从一开始就是上升的，那是一段幸福的婚姻。正如我所提到的那样，我的妻子西尔比和我的个人背景截然不同。在我的第二段婚姻中，我的妻子和我有着非常相似的背景。莎伦来自布鲁克林，她虽然和我一样没有显赫的背景，但是她下定决心要过上更好的生活。莎伦也是西尔比的朋友。因为我们有着太多的相似之处，所以她对我也更理解，我不需要多做解释。婚姻是一个人一生当中最大的"赌局"之一。在每段婚姻中，我都会问自己，我真的想和这个人共度此生吗？你和你的配偶要一起面对很多的事情。两人共度良宵是化学反应，而婚姻则意味着生活。你要自己决定什么是重要的事情。

明白我的意思了吗？要牢牢抱住赚钱的股票。建立并且维持一种良好的关系要比结束一段关系容易得多。让自己从不幸福的婚姻中解脱出来的最佳时机是什么时候？还有，当你的友谊和事业面临困境时，又要怎么做？就像金钱一样，你必须问问自己能够承受多大的损失。历史上因为坚守错误的观念而让大笔财富消耗殆尽的例子不胜枚举。你会发现，尽管所有的迹象都表明当前的趋势已经开始反转，仍然有很多人在不利局面下选择坚守。就像人们开始创业的时候那样，虽然每年的回报率低得可怜，但是他们仍然选择继续坚守五年或者十年。

多年以前，我从小时候就认识的一位年轻女士告诉我，她在布朗克斯的一所高中任教，现在每天早上去上班她的恐惧感都会增加。有一天我们在沙滩上散步的时候，她告诉我她最大的心愿是成为一名心理治疗师。

"你为什么不遵循自己内心的想法呢？"我问她。

"我不想放弃养老金。"

她接着向我描述了一件可怕的事情。几周之前，一名学生因为一门功课不及格而感到沮丧，他走到她的一位同事面前，冲着这位老师的脸开了一枪。

"等等，"我说，"你是说在你工作的地方，一个孩子可以随时冲你或者其他人开枪，但是你却为了养老金而不想离开是吗？"养老金和被枪杀的风险比起来算什么啊？这真是个愚蠢的决定。首先，你不能保证自己能够拿到养老金，因为在这期间会发生很多事情。你可能会冒着每天都有可能中枪失去生命的风险去保住所谓"安全"的工作，而不是追随着自己毕生的热情去获得临床心理学的研究生学位。

幸运的是，她接受了我的建议，也意识到是时候和这段经历说再见了。她辞去了工作，离开学校，后来成为一位成功的心理学家。

人们很难摆脱沉没成本。如果你太过于专注一个错误的赌局，你就会错失更好的机会。这一点在我们的生活和市场中显得尤为突出。

同样，不要相信什么选择离开就等于半途而废这样的无脑言论。假设你正在竞选美国总统，并且在初选中大幅落后，那么就不要在毫无胜算的情况下在这件事情上浪费时间，继续做愚蠢的事情只会让你的余生更加痛苦。请铭记你的目标：你要成为美国总统。你要做的就是四年之后带着更加宏伟的施政纲领再度参选。

请记住，在生活和市场中有太多事情是我们无法掌控的。但是，你必须对自己的选择做到成竹在胸。你可以有意识地决定自己能够承受的损失是多少。让我们回到最开始的几个问题：你是谁？你想得到什么？在趋势跟踪思想的引领下，你能够清楚地发现自己能够马上做出正确的选择。趋势跟踪给了任何一个具有明确目标的人在风险可控的市场上投资的机会。

| 第 5 章 |

我是如何输掉几百万美元的

　　我前几天在体育馆看到一个男人认真地击打沙袋，他打的拳是我见过最绵软无力的拳。我不太清楚怎样才能做到漂亮地出拳，我和大多数人一样，只是在某些场合听过"让你的身体动起来"这样的话。直到今天看到这个男人的手臂像杠杆一样无力地前后摆动时，我才对这句话的意义有所体会。我突然之间明白了为什么他努力打出的一拳的力量要比正常出拳产生的力量小得多，因为他的做法是完全错误的。我觉得自己可以纠正他，但是我没有这么做。我只是默默地看着他继续沉浸在自己的快乐中，一遍遍重复着相同的错误，耗尽自己的精力。

我们经常对自己的所作所为视而不见。人们的自我意识、恐惧和对美好事物的向往，常常让我们无视自己正在犯的错误，即使这些错误是显而易见的。因为我们不敢面对失败，所以我们选择回避，并且用事情很快就会好转这种话寻求自我安慰。我们将自己置于严重的危险之中，幻想着虚假的现实。我之所以说这些话，是因为这些事情曾经发生在我的身上。曾经有一段时间，我确实有一种事业有成、高高在上的感觉，而我却没有看见正在迎面打来的一记重拳。结果，我损失了几百万美元，差点把我的生活也毁了。

如何致富一直是个非常受欢迎的话题。然而，如果你整天沉浸在市场里，更重要的是要学会如何赔钱，而不是让自己损失太大，以至于被市场瞬间吞噬。为什么这么说呢？因为理想和现实总是背道而驰的。然而，我们也必须要了解陷阱和威胁，有些时候我们可以清楚地看到错误。这些年来，我目睹很多人失去了财富（包括我自己），归根结底就是一个原因，他们的做法与我在本书中提到的原则是截然相反的。那些输了很多钱的人在遭遇挫折时，并没有及时止损，继续让钱生钱，而是把很小的损失变成无底深渊，就像一个人拿着铲子不停地挖坑，直到水填满了坑的底部才意识到自己不会游泳。我能够在这个市场上活下来，是因为我做到了及时止损。我能够拥有财富是因为我抱紧利润不松手。

我总结了 8 种最常见的导致人们亏损的情形。这些内容值得你认真研习。如果我是一个喜剧演员的话，我会让你在每一个节目结束后都捧腹大笑。我想你一定很好奇是哪种做法让我损失了几百万美元，那就把这个问题留到最后再说吧。没错，就是最后一种情形。

导致亏损的 8 种情形

1. 我是天才

你还记得那个曾经让老师为之骄傲，以优异的成绩毕业，并且智商爆表的神童吗？他当然认为自己与众不同，实际上他也确实是。天才的标签让他拥有了很多的优势和赞誉。然而，那些在名校就读且能够让自己的人生每年都迈上更高台阶的精英们，在面对市场时的表现可就另当别论了。市场才不在乎你有多聪明，你的学习成绩或者学位更不会让市场眷顾你。记住，股票、债券和大宗商品市场和花样滑冰可不一样，当你在冰场上完成高难度的动作时可以获得加分，而市场则是以最终的结果定成败，你的所有努力很有可能最后全部归零。也就是说，你可能在大多数的时间里都是正确的，但是如果你在一笔错误的赌注上越陷越深，你就会满盘皆输。市场不会为你的行为负任何责任。根据我的观察，大部分来自常青藤盟校的人有时会在面对亏损时固执己见，直到血本无归时才恍然大悟。这是因为他们没有意识到自己在学校掌握的知识在市场面前是那么不堪一击。

2. 市场就是提款机

我的一位朋友曾经在白糖期货上赚得盆满钵满，发了大财，但是他后来又在这个品种上栽了大跟头。到底发生了什么？他在很长的一段时间里一直认为自己必须在白糖这个品种上大赚一笔。为什么会这样？因为他觉得这个市场欠他的钱。在随后的几年里，他持续加大对白糖期货的赌注，但是一无所获。直到有一天，我注意到白糖的价格终于大幅上涨了，于是我满心欢喜地打电话问他最近怎么样。出乎意料的是，他说话的时候吞吞吐吐："我错过了最佳的进场时机。"他始终认为白糖能够再次让他赚大钱，所以就没有留意市场的实际情况。现在的他已经离场退出了。

3. 忽视趋势

我们再来看另外一个例子。玉米市场（也可能是苹果公司的股票，还可能是比特币，不过这对于我来说并不重要）正在下跌，你现在会因为玉米的价格会再次上涨而在它创新低的时候大笔买入吗？

当然不会。

没错，你也许会等到这波抛售结束之后，出现最佳买点的时候才会买进，然而，如果你抱着以不变应万变的态度运用这个策略的话，这将是一个可怕的错误。你肯定不会买那些下跌理由非常充分的股票。例如，制造马车的材料在汽车问世之后就不值钱了，这个时候如果你跑去大笔买入生产马鞍的公司的股票，你的表现会好吗？

这么说吧，如果你去布鲁克林，你会先坐火车去布朗克斯吗？我试过一次，我可以告诉你那是不可能的。当时我正在前往曼哈顿南部的布鲁克林的路上，在这之前我刚参加了一个会议，在会上我的每一个想法都得到了赞扬。我坐在地铁车厢里看着驶过的每一站，心想我一定是个天才。突然，我抬头一看，才意识到这趟列车是开往布朗克斯的，而不是布鲁克林。虽然我是土生土长的纽约人，从 9 岁开始就独自坐地铁，可还是坐错了车。

你要经常问问自己，你的愿景是否与现实相符。如果你以 1 美元的价格买入一只股票或者一种大宗商品，认为它将会上涨，那下次当你看到它的价格是 90 美分的时候，你一定要面对现实。你肯定做错了什么。出门转转吧，不要太难过。这并不意味着你永远都是错的，这只能说明这次你错了。继续寻找下一个正确的机会吧。

4. 不能远离风险

你可能会得到一笔巨款。你认为拿到这笔钱的概率是 95%，因此你下了重注，并且兴奋地想象着到底能够赢多少。

然而，让人沮丧的事情发生了。你不幸成为那 5% 的输家中的一员。现在，你必须卖掉房子，换一辆更便宜的汽车，还要把这个坏消息告诉你正准备上私立大学的孩子。你做好准备了吗？如果没有，你就要把赌注控制在你能够承受的损失范围以内。实际上，你要问的第一个问题是自己能承受多少亏损，而不是能赢多少钱。（请像做祷告一样重复这句话。）

5. 不能及时止损

很多年以前，我的堂兄在期权市场把资产从 5000 美元做到了 100 000 美元。我问他是怎么做到的。

"这个很简单，"他解释道，"我买入一份期权，当它上涨的时候我什么也不做，但是如果下跌的话，我至少也要等到收回本金才会离场。"

我试图提醒他这种策略并不是所有的时候都管用，他这么做的风险非常大，但是他没有把我的话听进去。他以非常便宜的价格买入了 10 万美元美林证券的股票期权。这笔钱可是他的全部身家，然而他对此并不担心。他信誓旦旦地向我保证，期权的价格已经触底，很快就会上涨，他能大赚一笔。

"暴风雨就要来了，"我说，"但是这次被收割的人将会是你。"

他仍然固执己见。"只要它上涨 10%，我就能获得200% 的利润。"

真实的情况是，期权的价格再也没有涨起来，他损失了 11 万美元。

我问他："这怎么可能？你的亏损金额是不可能超过你当初投入的本金的。那多出来的 1 万美元是哪儿来的？"

他回复说："哦，我没有和你说过吗？我又从银行借了 1 万美元。"

让我感到震惊的是，他竟然敢在赔钱的时候去借更多的钱补仓。他的做法毫无逻辑可言，他正在冒着超出自己承受能力的风险逆势操作。为什么？因为在我们的意识中，希望和失去，价值是完全不同的。这也正是人们会在糟糕的婚姻中继续凑合下去的原因。根据我的经验，大部分的财富都是这样流失的。

6. 我是赢家

我的一位朋友颜值很高，在竞技体育方面颇有建树。他在学校的成绩非常优秀，鲜有竞争对手。实际上，他从来就不知道失败是什么。他的父母非常宠爱他，在他16岁的时候给他买了一辆雪佛兰克尔维特。他不知道如何避免或面对失败。当他买入的股票开始下跌时，他选择持股不动，而这些股票再也没有涨回来。如今70岁的他只能靠着孩子们养活自己。

习惯于胜利的人很少会承认自己失败，他们会在失败的赌局上耗费更长的时间。我个人不擅长竞技体育，学习成绩也不太好，所以我从来不会对自己的失败感到惊讶。我会很快接受事实，收起我的牌，等待下一次机会。从长远来看，我建议你要练习赔钱，这样你离赚大钱就不远了。

7. 混淆目标

你发现了一个上升趋势。比如说，距离你不远的一栋公寓的30天平均价格已经上涨了一年。你相信它还会升值，能让你大赚一笔，所以你决定买一套公寓。不久，你发现这栋公寓漂亮的大厅出自一位著名的设计师之手，因此，你告诉自己漂亮的大厅会让你的公寓更值钱。

实际上，你在这件事情上已经失去了客观性。你买公寓的目的不是为了漂亮的大厅，而是为了租金。你要了解整栋大楼的情况，看看租金有没有上涨。客观地看待事情，别让额外的因素蒙蔽了你的双眼。

8. 狂妄自大

输光自己所有的钱并被市场扫地出门是一回事，除了输光自己的钱，还把别人出于信任托付给你的几百万美元也输得一干二净则是另外一回事。当错误发生的时候，虽然我不是那个始作俑者，但是我的错误在于没有预见它的到来，更没有在发生的时候发现它。我太自以为是了。我的生意越做越大，仿佛站在了世界之巅。我手下有很多人替我打理和管理资金。在我看来，我的工作就是坐着飞机环游世界，寻找交易机会。我不屑于密切关注正在发生的真实情况，而且我不做检查。当我拿到报告资料的时候，我从不怀疑数字的真伪。狂妄自大是我的致命缺陷，就是它导致了一切的发生。下面的内容就是我的经历，我希望我的故事能够让你们避免犯类似的错误。

我是如何失去一切的

我在 20 世纪 70 年代中期成立的合伙人企业是一个大

宗商品期权做市商，简单来说，我们充当了清算所的角色，为我们自己的账户和客户的账户买卖大宗商品期权。这需要大量的现金储备，我最初通过抵押从一家瑞士银行获得资金。我们的交易进行得非常顺利，客户更是源源不断。

做市商的特点是一切都要对冲。也就是说，如果我们同意买入 10 亿美元的期权，我们通常会再寻找另外一个买家买入 10 亿美元的期权做对冲。买卖的差价就是我们的利润，对冲就是我们的护身符。

当客户购买我们的基金时，他们会预先存入最低金额的现金，并同时约定 3 倍于该金额的保证金。例如，一个客户在投入 5 万美元现金的同时，还要承诺在公司需要资金的时候再追加投入 15 万美元。

那时，我已经有了一个合伙人，他是一个帮我测试并运行交易系统的定量分析专家，我这个门外汉把账目全部交给他这个行家管理。我总是需要别人来执行我的想法，我的阅读障碍和视力问题需要这样的眼睛替我看清楚。我需要的是能够和数字打交道的人，他们没有阅读障碍，而且很聪明，在我向他们做出解释后，他们能够从数学的角度明白我想干什么。我的合伙人就是这样的一个人，我很欣赏他。他有一个美满幸福的家庭。他和所有开始为我工作的人一样，拥有公司的股份，而不是薪水。我的公司刚刚起步，根本没有钱。随着时间的推移，他得到了回报，而且干得非常出色。

现在公司已经步入了正轨，我的律师西蒙说服我把住址和业务迁到新泽西，这样可以节省税费。当我在全国各地推广摇滚音乐会的时候，我曾经过新泽西的萨米特，并被那里的绿化所震撼。因此，我和妻子西尔比决定到那里开启新的生活。我把办公室的地点选在了纽瓦克市盖特韦大楼的 9 层，西蒙的办公室在 14 层。

这真是个激动人心的时期。我们的做市商业务进入了爆发期，我们起初筹集了 500 万美元，随后又募集了 1000 万美元作为交易资金。后来，我们又成立了另外一家公司，采用和在大宗商品市场上相同的策略，在债券和国债市场上交易，并又筹集了 1000 万美元。

我真的很享受那几年的时光，因为我创造了新的、不受限制的赚钱方式，这正是我最喜欢做的事。例如，当我听说理查德·桑德尔博士（当时芝加哥期货交易所的首席经济学家）设计出第一张政府利率期货合约的时候，我告诉西蒙我想干这件事。我告诉他，我们可以做得很好。

"拉里，这真是天才般的想法，可是我们不知道该怎样做。"西蒙说。

"嗯，我们为什么不给桑德尔博士打个电话问问呢？"

"你认识他吗?"

"不,我不认识他。"

"你打算怎么去见他?"

"坐飞机去,然后到他的办公室和他谈谈。"我说。西蒙经常对我给别人打电话的方式感到惊讶。我不知道怎么和他解释,但是我总能做到。也许这就是我从失败中得到的一点安慰吧。一个人能做的最糟糕的事是什么呢?将我拒之门外吗?

几天后,我来到了桑德尔博士的办公室。桑德尔博士是个睿智的人,我们聊得非常开心。(原来他也是从布鲁克林走出来的孩子。)桑德尔博士非凡的洞察力让我决定马上开始交易利率期货。

1979 年 11 月,一切都改变了。

在过去的十年里,通货膨胀率一直在加速上涨,现在已经超过了 11%。刚刚就任美联储主席的保罗·沃尔克开始对通货膨胀宣战了,他祭出了大幅提高利率这个撒手锏。我们的客户预测市场会出现大幅的波动,于是纷纷到公司要求在我们的做市商基金中设立头寸。

然而，就在那年的 11 月，西蒙接到了我的合伙人打来的电话。

"我得上去和你谈谈，然后我就会从你这儿的窗户跳下去。"我的合伙人说。

我不知道西蒙是否相信了他的话，但是我知道，用这种方式吸引眼球已经说明事态到了非常严重的地步。

我不到一个小时就赶到了公司，在此期间，西蒙没有和我的合伙人见面。我们三个人在西蒙的办公室碰了面。当我把身后的门关上之后，我的合伙人诉说了事情的原委。

"我没有做对冲，"他说，"抱歉，我单边设立了 10 亿美元的头寸，但是没有做对冲……"他的语气十分平和。他说了一些和沃尔克的利率政策有关的事，然后告诉我们账上没有多少钱了。至于还有多少钱，他自己也不知道。

我现在必须先让他冷静下来，但是我说出来的话竟然是："为什么会这样？"

"因为我认为沃尔克会停止加息。"

在这之后的很多年里，我一直在反思我的合伙人在没有和我或者其他人商量的情况下，擅自推翻交易规则的决定。是自负、贪婪还是恐惧让他甘愿去冒这么大的风险？我不得而知。他是一个非常精明的人，智商非常高，还拿到了一所精英大学的奖学金。他一表人才，家庭幸福。但是，他今后的生活再也不会像以前一样了。

事实证明，我的合伙人之前就犯过这样的错误，他只是一直在向我隐瞒，用其他的交易来掩盖事实。当然，他每天都关注市场行情，但是情况越来越糟，不断增加的恐惧感让他变得更加麻木。我总是告诉人们：你的第一次亏损是最好的经验，因为你可以很快地走出困境。然而，事实并非如此。他当天并没有积极地去面对亏损并让自己尽快从阴影里走出来，而是惊慌失措。他很清楚这些，但是他在情感上希望自己能够以某种方式获得救赎。公司派另外一个人去他那里检查账目，我后来才了解到，我的合伙人误导并且恐吓了他。这一切都被隐藏了起来。

西蒙和我被彻底击垮了。西蒙把他的一些律师合伙人还有客户都带进了这只基金，但现在所有的一切都将灰飞烟灭，而且我们的朋友和其他几十个客户也要面临同样的结果。我们相信破产只是时间问题。我们欠政府、经纪商、银行和几家大型金融机构的钱。"哦，我的天啊，"我的合伙人说，"他们一定会杀了我们的，现在我就要从窗户跳下去。"

还好，窗户都锁上了。我想如果他想这么干的话，就一定会这么干的。我们都很震惊，然而，我现在马上要考虑的是想办法自救。显然，我现在的处境就像在一棵正在燃烧的树上，我必须赶紧找到还没有着火的树枝爬下来。我记得当时西蒙的律师事务所已经彻底和我绑在一起，所以他们得帮我摆脱这一切。

接下来的几天我们都没有睡觉。当一切尘埃落定时，我们的持仓情况也一目了然。我们欠的钱比全部身家多700 万美元。

不幸的是，我必须和我的合伙人继续合作下去，收拾这个烂摊子。你也许会很好奇，我是如何设法和一个欺骗过我、让我蒙受巨大损失的人共处一室的。这其实很好理解，我把我的生活分成若干个要做的事，我喜欢什么并不重要，我做的事才是最重要的。我必须控制自己的感情。我的合伙人是替我管理账本的人，我得和他一起解决我们的麻烦。

当一个朋友问我当时有多难过的时候，我告诉他："6.9 级的地震都没有让我手足无措，而这几百万美元的亏损着实让我心痛。"玩笑只能先到此为止了。在那段时间里，我大多数早晨醒来后的第一件事就是呕吐。

那个时候，我的父亲生意失败，我按照从小在家里被教导的那样供养着他。我给他打电话诉说我现在的遭遇。
"爸爸，你看，我不知道自己还能不能坚持下去，我就算
押上全部身家，还欠人家几百万美元，"我说，"有一个
人我欠他 400 万美元。我的意思是说，这回可碰上大麻
烦了。"

"不是这样的，"我的父亲回答，"这不是你的问题，
而是对方的。"

父亲的话让我瞬间明白了很多东西。没过多久，当一
个家伙打算给我点颜色并冲我大喊大叫的时候，我意识到
了示弱的力量。我让他住手，因为我已经和死人没有区别
了，所以他也不可能再威胁我了。这种做法真的很有效。

我们制定了行动方案。我的交易目前来看至少还是
很好的，所以至少可以拿出一部分现金用于还债，虽然和
我们的债务相比，这些钱只是杯水车薪。请记住：如果你
欠别人钱，你可以把你所有的现金都摆出来，然后想办法
和对方谈判。他们都想拿回自己的钱，他们可能选择拿走
一半，而不是到时候一分钱都拿不着。我们欠了三家大型
金融机构的钱，其中的两家已经和我们开启了谈判。

在我们和金融机构谈判并想办法拖住对方时，我在白
银和黄金上面的所有头寸都表现得非常好。我们和金融
机构谈判的结果相当有利——如果你把我们亏损两倍的

钱称作"有利"的话，但至少我们损失的东西不是原来的三倍或四倍。

和金融机构的谈判结束之后，西蒙和我亲自去拜访了我们的每一位个人投资者。在 100 个投资者当中，有 98 个人同意和我们见面。我们会告诉他们我们已经采取了哪些措施来限制亏损，我们只要求他们拿出承诺的保证金的三分之一（是他们最初投资的两倍），这样我们就可以继续留在市场中，把他们的钱赢回来。结果只有两个人同意出钱。

我必须和律师、会计师和投资者打交道，安抚债权人的情绪，避免被他们起诉。我记得有一次去加利福尼亚州拜访我们的一位投资者，他一年赚了大概 1000 万美元，在乡下拥有一处很大的庄园和一大群工人。当我们提出请求时，他一边打量着我一边说："我很佩服你的勇气。如果平时有人到我这里向我要 100 万美元，我会放狗咬他。我是不会再给你任何钱了，但我也不会让我的狗来对付你。"

与此同时，美国国税局开始调查一个与我们公司合作的交易员。我知道我们公司是这个交易员最大的客户。正如我之前说过的，我们的避税是合法的，当初搭建这个架构时，我还花钱请律师撰写了税务意见书来解释这种做法为什么是合法的。也许我触碰了底线，但是我从来也没有想过要跨越这条红线，或者做任何违法的事情。我不知道这个交易员做错了什么，但是我清楚联邦政府工作人员的办案手段就是让人告发他们的朋友和客户。我很害怕他会把我牵扯进来，如果真是这样，我将会面临牢狱之灾。

我得把这件事告诉我的妻子西尔比。当时她刚刚怀了我们的第一个孩子，也知道了我们可能会破产的消息。现在我又要告诉她我可能会坐牢了。

她静静地站在那里听我说完，然后用一种特别平静的英国式腔调对我说："干你们这一行的肯定有自己的计划。"她说完就转身上楼去了。这就是她对这件事的最后一次表态。

事实上，西尔比是正确的。我原本可以找一份工作然后留下一片狼藉。不过，我现在确实想到了一个计划。我看了看自己的债务，然后决定回去做我真正喜欢做的事。我要创建一个经过改进的交易系统，从而彻底消除人类的判断。显然，我是不会相信人类的。我决定振作起来重新开始。有些人天生具有这种毅力，而另外一些人则是通过实践东山再起的。不管怎样，如果你打算投资或者在人生中干点儿什么大事，你必须经受得起打击，站起来，让自己再次变得强大。如果说有一件事能够让我在生活中获得成功的话，那就是这种毅力。但是我必须承认，这无疑是最具挑战性的事情。我知道是时候让自己再次强大起来了。我开始制订一个新计划。

第二部分

明特基金、金融怪杰
和运用原则

第 6 章

创建明特

我有一个大胆的想法，但是我身无分文，需要收入。幸运的是，我有机会帮助加利福尼亚州的一位客户制定减轻税务负担的策略。这个项目的提成是十万美元，足够我在很长一段时间内支付家庭和事业的各项开销了（我一向是个很节俭的人）。我也不知道这种情况到底会持续多久，我当时正忙于一些不产生收入的活动：收拾我的合伙人留下的烂摊子，然后为我的新公司做准备。

　　我的目标是创建一套科学的交易系统，只根据单纯的统计方法提前制定交易原则，而不再将人做出买卖决定时的情感因素考虑进去。为了实现这个目标，我需要一个受过正规训练的新搭档创建一个新的模型，并且严格地测试我的各种想法。我的一个朋友把我引荐给了他的表兄弟彼得·马修斯，当时他快30岁了，正在美利坚大学攻读统计学的博士学位。彼得为联邦政府做咨询工作，他对期货交易很感兴趣。有一次他到我位于纽瓦克市的办公室见我，我告诉他我再也不相信人的因素了，我想找人创建一套能够赚钱的自动化交易系统。我使尽浑身解数说服他加入我的公司，尽管我当时没有钱给他开工资。我说："如果模型成功的话，你可以分享利润并且成为合伙人。"彼得是个绝顶聪明的人，可以在这个年龄承担这种风险，决定加入。

　　在1980年前后，创建一个自动化交易系统是一项大工程。据我们所知，当时还没有其他人这样做。（实际上，我现在知道艾迪·塞柯塔和其他一些人早在70年代就开始了这项工作。）我们在这方面没有现成的书籍或者内容丰富的指导手册用于参考。此外，我们还需要能够处理大量数据的大型计算机。

　　彼得在面对诸多困难的情况下开始设计我们的交易趋势跟踪方法。他通过编写算法来监控很多大宗商品的移动平均价格，确认上升趋势，然后再计算这些趋势能够持续下去的概率，从中过滤掉风险很高的交易，当价格触发特定的条件时，系统会自动进行买卖操作。这无疑是那个时代最乏味的工作（如今，你可以在手机上轻松实现这些操作）。彼得可以在夜间使用美利坚大学的计算机，即便如此，进展依然缓慢。他的辛苦工作还包括手工核对他的计算结果。有时候我自己都怀疑这一切能否成功。

从一开始，我就希望这套系统对我们交易的任何市场都不相关。这在当时可是一种不寻常的哲学。从猪腩、玉米和咖啡的交易经历来看，除了在个别的市场中，我开始相信人类的行为或多或少是有共性的。此外，通过在众多不同类型市场上进行交易，我们可以做到交易标的的多元化，从而有效地控制风险。我们同样制定了对冲原则，通过做多和做空的系统规则来防范大的损失。

经过了一年的精心设计，彼得终于大功告成，同时，他还给公司带来了一个 20 岁出头的优秀计算机程序员迈克尔·德尔曼（他刚入职的时候是顾问，后来成为初级合伙人）。迈克尔对金融一窍不通，但这无关紧要，他的工作是对彼得的模型进行回溯测试，看看它是否能够在更大的范围内获得成功。这包括获得并输入大量的历史交易数据，然后运行模型，看看它在跨越过去数千个不同市场和时间段的历史时期（而不仅仅是一个月或者一年）的表现。显然，你在过去成功并不意味着你在将来也能成功，历史测试有它的缺陷。但这些模拟同样具有很高的价值，因为使用真实的市场条件（即使是过去的数据）能够给我们提供比坐在办公室猜测假设的情景更好的信息。结果是：我们科学地证明了我们的交易系统是有效的。

随着时间的推移，我们继续改进和完善这个交易系统。例如，我们通过测试不同的持有期限来检验交易系统的表现。在我们看来，基于日历年的业绩评估是一种武断的衡量方法。因此，彼得和迈克尔量化了不同时间段赢利表现的可能性。我们在模拟中发现，90% 的 6 个月持有期、97% 的 12 个月持有期，以及 100% 的 18 个月持有期的结果都是赢利。

所有这些关键的幕后步骤都是明特投资管理公司（以下简称"明特"）成立的基石，我们在 1981 年 4 月开始进场交易。

伦敦

是的，明特诞生于危机之中，诞生于 1981 年我前往伦敦寻找新经纪人的意外之旅。为什么是伦敦呢？因为美国的运营成本非常高。美国当时的税率是全世界最高的，律师、投资银行家和其他中间商会收取高额的佣金。

1981 年，一项新的法律抹杀了我多年来一直使用的税收结构。而且，其他国家比美国更容易接受期货交易。当时全球贸易正处于起步阶段，伦敦是进入国际金融市场的新门户。我要在伦敦寻找突破口。

在一次会面中，我试图和一位经纪人达成转介绍的协议。我问他，如果我介绍客户给他，他是否能够保证我的佣金，他当即拒绝了我。这次见面非常短暂，在我离开他办公室的路上，我在等候室停了下来，拿起一本我之前一直在看的杂志，然后偷偷地撕掉了我看到的另外一家商品公司的广告，放进了口袋。过了一会儿，我拨打了这个号码，和戴维·安德森聊了几句，他同意和我见面。

现在回想起来这段经历真的很有趣。如果我是那种不习惯失败的人，也许我就会在那次被拒绝后想办法走出办公室。但是对于我来说，我会马上开始考虑下一步行动，因此，我撕掉了那张广告。从某种意义上讲，我当时的行为就是趋势跟踪的缩影。当一个趋势不成立的时候，没有关系，赶紧走出去寻找下一个机会。或者回想我的浪漫比喻：如果你有一次不成功的约会，你会对所有的约会说"不"然后成为僧侣吗？

和戴维·安德森的通话改变了我的一生。他是伦敦期货交易界的领军人物，还和全球顶级的商品批发商和交易公司英仕曼集团（ED&F Man）[⊖]有着联系。安德森和英仕曼集团新成立了一家合资公司：安德森曼氏有限责任公司。这是英仕曼集团进军商品期货市场的第一步，安德森帮助它敲开了伦敦期货市场的大门。同样，他也为我和我的合伙人开启了这扇门。

我们和英仕曼集团之间形成了一种顾问关系，我们的交易系统被投放到全球几十个市场的交易当中。我们在美国的办公室执行交易计划，运用经过回溯测试和检验的不干涉统计系统。当系统给出它的建议时，我们就把这个建议发送给英仕曼集团，由后者在伦敦市场中执行。

我和我的搭档之间的能力是互补的。我是那个想法不断和在牌桌上发牌的人，迈克尔曾经说我每个星期都会冒出 20 个想法；彼得是管理交易程序和执行分析的统计大脑；迈克尔执行所有的计算机工作，并确保所有的程序运转无误。在最初的两年里，我们的年收益率超过了20%，开始受到人们的关注。然而，我们仍然没有达到我期望的和需要的业务水平。一开始，我们这种类型的基金无人问津。在明特营业的头几年，大多数人甚至不愿意和我们说话。此外，当我开始解释我们用同样的方法交易咖啡和黄金时，对方会放下听筒不说一句话，有

⊖ 英仕曼集团（Man Group）成立于 1783 年，1869 年更名为 ED&F Man，2000 年分为 Man Group 和 ED&F Man。——译者注

时候对方会直接挂断电话。现在，系统交易被越来越多的人所接受，但是当时它是少有人知的、不可信的，且不受大众欢迎的。这一次，作为一个习惯了失败的患有阅读障碍症的人，我需要振作起来，继续打下一个电话，寻找我的下一个潜在机会。

英仕曼集团拥有雄厚的资本、声誉和全球关系网。1983 年，我在和对方董事长的会面中提出让他们购买明特的股份，他们勉为其难地答应了。英仕曼集团有着一种特殊的上层精英文化，公司的前身是成立于 18 世纪的糖业交易商，在长达 200 余年的时间里一直和英国海军做生意。英仕曼集团还是世界上历史最悠久的商品经纪商，其代理机构遍布全世界，生意从欧洲做到了非洲的刚果，它的客户主要是大型制造商和各国政府。而我这家规模很小的明特，毫不夸张地讲，就是个商品交易顾问（CTA）的角色。也就是说，我们只是利用在某些人看来上不了台面的分析向个人投资者提供买卖和对冲服务。在对方看来，我的请求有些冒失。英仕曼集团的董事长和他的同事们也很难相信计算机可以比人类的判断做得更好的说法。尽管如此，英仕曼集团还是有意进军期货市场，而我给出了让对方无法拒绝的条件：用明特 50% 的股份交换我和我的合伙人 5 年的薪水、他们的大型计算机系统的访问权限，以及 500 万美元的授信额度。

这笔买卖非常划算，因为英仕曼集团拥有银行的关系网、资金和我们买不起的计算机。同时，这对于他们来说也是一笔很好的交易，因为他们可以在快速发展的期货市场上分一杯羹。由于商品期货交易正处于起步阶段，里面的玩家很少有合法的交易策略和控制风险的意识。

他们同意我的说法。现在，我们离成功不远了。

你在玩游戏的时候总是要找准自己的位置。英国在很多方面对我来说都是最好的选择。当我坐飞机前往那里的时候，我扮演的是文化人类学家的角色。我对自己说，好在我们都说英语。现在我明白他们的表达方式了。我之前才知道，我的英国同事们说起一件事，他们的实际意思与我所理解的其实恰恰相反。（娶英国人不需要做什么准备。我妻子是个很真诚的人，和我的同事截然不同，因为她不是那个阶层的人。）

我现在意识到了这一点，并且开始对英仕曼集团的人产生了好感。他们很有礼貌，是我共事过的最聪明的同事。总的来说，我非常满意那里的工作氛围。当时，反犹太主义在英国非常普遍，但是在英仕曼集团却很少见，我曾一度认为这种现象已经消失了。我发现我的英国同事真的很想挣钱。

当然，作为一个布鲁克林人，我比他们更有侵略性。我记得有一次在一家经纪公司开会的时候，有一张长条形的桌子，上面摆满了电话。我和代表这个国家主要交易所之一（有可能是可可交易所）的律师见面。对方是个英国人，我试图说服他更改一条规则。我拿出了强有力的证据，然后说："这将使每个人受益。"

"好的，我会给……人写信的。"

我当时刚刚乘坐协和式客机来到这里，我伸手拿起一部电话递了过去。

"给他打电话。"我说。英国人是绝对不会这么干的，但是从布鲁克林走出来的孩子就可以做得这样直接。可以肯定的是，我有时也会退缩，因为我要让那些更加保守的英国同事感觉更舒服一些。这就是为什么我告诉你要清楚自己在游戏中的位置。你需要了解在他们的文化中不同玩家的规则和观点。如果你适应了这个环境，就能提高你获胜的概率。虽然我喜欢这里的人民，但是我不喜欢政治。如果你也是这样，那么就要特别留意你工作的地方的进场规则。利用这些规则是你的责任。

英仕曼集团以前只做现货交易，由于这个行当是以信用为基础的，所以他们和银行家之间的关系非常紧密，而且他们还雇用了很多前银行家加入公司，这就为明特打开了成功的大门。有了英仕曼集团这层关系，我的生意遍布世界各地，例如中东、欧洲、澳大利亚和日本。即便如此，我们还需要更多有说服力的证据让人们相信我们的交易方法。例如，我和澳大利亚一家有口皆碑且历史悠久的金融公司会面，他们那里还从来没有人做过像我们这样的基金。我阐述了这套交易系统的运行方式，然后请他们为我们持有债券并为其担保。通常情况下，一旦你完成了销售，另一家公司就会拿到佣金，交易也就随之结束了，大家接着找下一个项目。然而，我告诉对面的同行，如果他们愿意与我们合作，他们就可以从担保中拿到钱，而且还能够不停地拿钱，从而告别以前卖一次拿一次佣金的模式，这引起了他们的注意。

到了 1988 年，我们的年平均复合收益率自 1981 年成立以来超过了 30%。在此期间，我们在 1987 年实现了 60% 的增长（1987 年股票市场崩盘），创造了历史纪录，而在业绩最差的年份也有 13% 的增长。那时，我们引起了商业媒体的广泛关注，并于 1986 年荣获《商业周刊》颁发的奖项。杰克·施瓦格在他 1989 年的著作《金融怪杰》中介绍了我。

很快，我开启了坐三个半小时飞机往返纽约和伦敦的有规律的生活。我周日晚上飞往伦敦，在那里工作，在接下来的一周里周游欧洲列国。然后，我在周五下午返回纽约和家人团聚。由于我常年往返两地，有一年航空公司甚至送给了我一件皮质的飞行员夹克。到 1990 年，也就是明特成立不满 10 年的时候，我们成了世界上最大的对冲基金，管理着创纪录的十亿美元资金。

非对称杠杆和保本基金：我们的赢利公式

推动我们成功的一大引擎就是被我称为非对称杠杆（AL）的风险管理。非对称杠杆是我的、也是你的致富法宝。从本质上说，你所冒的风险和你能够获得的收益是截然不同的。或者就像我想的那样，你下注了几分钱，却有赢得几美元的潜在机会。非对称杠杆对于处于弱势地位的人或者组织来说尤为重要（想想大卫和哥利亚[○]吧）。

我们的非对称想法来源于伦敦的一个鸡尾酒派对。斯坦利·芬克勋爵（后来成为英仕曼集团的 CEO）、戴维·安德森和其他的公司董事都很擅长社交和结交正确的人（那些拿着钱准备投资的人）。一天晚上，我和他们一起参加了由英仕曼集团主办的活动，开始和一个人聊了起来，后来我才知道他是一个高净值的投资者。

"你的收益率让人印象深刻，"他告诉我，"但是我的投资经理现在已经很接近你的水平了，而且你的费用一

○ 哥利亚是传说中的巨人，后被大卫所杀。——译者注

点也不低。你收取的管理费是 2%，而收益率是 20%。他们不收取管理费，收益率也将近 20%。我为什么要投资你呢？"

我回到家认真地思考他的话。我明白他的意思，我想知道："我该怎么做？我怎样才能吸引更多的投资者？"那是 1985 年，到那时为止，我已经有了两个孩子和一栋房产。英仕曼集团拿走了 50% 的利润，而我也要和其他合伙人一起分享利润。我有动力做得更好。

我和我的合伙人讨论了成立一个"不亏损"的基金的想法。如果我们把投资者 60% 的资金投入到零息的五年期美国国债（它不仅非常安全，而且还能在五年的时间里翻一番）中，会怎么样？（记住，这可是在 20 世纪 80 年代利率非常高的时候。）

然后，再把余下 40% 的资金投入到我们的交易项目中。最坏的情况是，我们的交易系统全部崩溃，但仍然可以在五年内归还全部本金（包括管理费用）。换句话说，我们可以对投资者这样说：你现在给我们 100 万美元，我们保证你在五年后至少会收回这 100 万美元的本金。你唯一会失去的就是金钱的时间价值。然而，因为我们的交易系统每年都会带来丰厚的回报，所以你可以获得更多的资本利得。我们把它称为"明特担保有限公司基金"。当我们第一次宣告基金成立的时候，《纽约时报》对它进行了重点宣传。有些新闻报道称，这个消息好得让人难以置信。一名来自英国一家主流报纸的记者对我们的基金冷嘲热讽了一番，这家报纸还在同一版面同时刊发了一篇关于庞氏骗局的文章。他们的暗示再清楚不过了。（英仕曼集团的高管们曾考虑以诽谤罪起诉这家报纸，但最终还是决定邀请该报的主编共进午餐消除误会。）尽管如此，保本基金还是顺利发行了，我们在第一年赢利 7500 万美元。

我一直在寻找非对称的机会，同时也建议你在生活的各个方面都这样做。我在将明特出售给英仕曼集团的并购计划中，向对方使用了非对称手段，尽管我当时不这么称呼它。几年后，我给在英仕曼集团的合伙人写了一份白皮书，解释了我们这么做在哲学和金融方面的非凡之处。在此之前，只有少数合伙人看过这份分析报告。

在这份白皮书中，我总结了明特和英仕曼集团并购案中的非对称杠杆的基本原则。以下是一段简短的摘录：

> 非对称杠杆的独特之处在于，它提供的是传统杠杆减去一定比例风险后的收益……
>
> 对于我们双方来讲，明特和英仕曼集团的并购案很好地诠释了非对称杠杆（AL）。英仕曼集团当时的价值超过了 1 亿美元，而风险仅为 75 万美元，只占其净资产很小的一部分。他们有机

会获得明特 50% 的股权，但损失 75 万美元的概率不到 5%，也就是说，他们的实际风险只有 4 万美元，大量的实证统计数据证明他们不会亏。

从海特、德尔曼和马修斯身上我们得到了最好的非对称杠杆因素：时间和金钱。我们有五年的时间使用自己账户中的几百万美元，再加上一个绝对的收入下限。

支持最初的合作伙伴关系的结构性因素是：

（1）交易风险的预计概率；

（2）用期货保证金支付短期国库券利率，英仕曼集团能够以优惠的价格借款，从而降低了其融资成本。

这些都是保证交易成功的基本因素。当我们推出第一只保本基金时，他们允许我们从 200 万美元现金流中拿出 25 万美元做风险投资，这只基金在 2020 年底会为我们带来超过 5000 万美元的收益。我们初始投资的 25 万美元为我们带来了 40 倍的回报，而这 25 万美元只相当于我们当时现金流的 12.5%。

我写这份白皮书的目的是让我的合伙人对一项使用非对称杠杆的新策略的提议产生兴趣。我还列举了英仕曼集团和中东金融机构签署协议的案例。我们为对方的投资者建立了一个价值 1500 万美元的投资组合，在每个月获得 23% 的收益率的同时，没有拿明特的一分钱去冒险。

根据我在当时和之后了解到的情况，有三个因素构成了非对称杠杆的核心，它们让明特基金成为世界上最大的大宗商品交易顾问。任何人都可以理解这三个因素，并将它们运用到不同的商业、投资、政策和生活场景中。

第一个因素是时间

通常在生活中（但并不总是），你行动得越快越好。但是如果你愿意花些时间确认最佳时机，你可以提高自己获胜的概率。这个问题我已经在前面的章节中讨论过了，不过我们还是来一起更仔细地看看时间作为非对称杠杆的一个因素是多么强大。投资者在购买保本基金后需要等五年的时间才能赎回。时间是实现财富增长最有力的杠杆形式。随着时间的推移，我们可以利用债券到期日和难得的长期交易机会。虽然五年的时间相对较长，但是投资者愿意把钱交给我们管理，完全是因为我们提供了一组有无风险利润的梦幻组合。

第二个因素是知识

如果你对概率一无所知，你就不能做出明智的押注。如果你在此之前读过本书，你就会明白了解决策的概率的重要性。了解游戏也会对你有所帮助。在明特，我从十年的交易经验中汲取知识，还从其他使用统计学和计算机知识的优秀合伙人那里增长了学识，而这些都是其他交易员没有接触过的。没有他们，就不会有今天的明特。现在，我已经学会了去信任。

有关知识驱动的非对称杠杆最伟大（最著名）的例子就是在比利·比恩的带领下，奥克兰运动家队取得成功的故事。大家可以去看迈克尔·刘易斯的小说《魔球》和布拉德·皮特主演的电影《点球成金》。当比利·比恩在1997年底成为运动家队的总经理时，这支队伍是棒球界成绩最差且工资最低的球队之一。在那之前，大多数棒球球探都是通过主观评判来挑选天才选手的。他们寻找的球员必须具备综合素质，比如说有"颜值"（长相英俊）、是时速99公里的"快速球投手"以及"百发百中的击球手"。然而，比恩认为这些说法没有任何根据。他相信可以用数字来衡量一个球员是否优秀，并通过开创一种用于挑选球员的统计方法彻底颠覆了这项运动。

如果你读过那本书或者看过那部电影，你就会知道比恩一生做过的最重要的决定之一就是雇用了一位拥有哈佛大学经济学学位的总经理助理。比恩和保罗·迪波德斯塔引入了赛伯计量学[⊖]分析原理来分析球员的表现。很多被其他球队忽视的球员，以及被以较低的薪水签下的球员，他们身具冷门的技术，比如上垒、不论击球手是

　　⊖　sabermetrics，又译作"棒球统计学"。——译者注

否经常会三振出局都能打出有力的击球等。运动家队具备了高上垒率和永不言败的优势，超过了很多雇用顶级自由球员的球队。分析显示，两名收入相差甚远的球员能够发挥同等的竞技水平。这就是比恩的非对称杠杆。

通过一系列非常规的操作，比恩说，他可以在一个完全凭主观意识做决定的行业里做出理性客观的决定。奥克兰运动家队在 1999～2014 年 8 次闯入季后赛。做到这一点，比恩支出了很少的薪水，但是用了非常渊博的知识。

如今，每一支棒球队，甚至是 NBA 的篮球队，都采用了这种分析方法。由于其他球队都在使用类似的策略，比恩的非对称杠杆优势不再明显了。

然而，这种数字革命的浪潮却没有消退。比恩后来采用了另外一种方法利用非对称杠杆，他开始质疑用一个投手打七局、八局或者九局的传统规则。由于先发投手长期以来普遍患有严重的伤病，而全国在先发投手的人才储备上又相对薄弱，投手的需求与日俱增，各队也逐渐接受了在每场比赛中个人投球数保持在 100 个以下的新模式，从而保护先发投手的手臂。最好的医学研究也指向了这个领域。比恩和其他几位球队高层意识到这是一种长期趋势，它可能会永久地改变比赛规则。比恩为他的主力投手准备了更多优秀的替补投手。由于棒球运动在很久以前就奠定了替补投手的地位和价值要远低于先发投手和王牌投手的传统，所以替补投手的工资比较低。比恩的分析知识和对比赛更加超然而客观的认知赋予了他新的非对称杠杆。他开始减少在先发投手身上的投入，转而加大了对具有顶级潜质的替补投手的投资，而这些投手会比以往掌控更多的比赛。奥克兰运动家队继续着他们在棒球场上的传奇，这一切都要归功于他们的管理方法，他们利用了独特的知识和策略，而这些又是其他人不曾使用过的。

第三个因素是金钱（不是你自己的钱，而是别人的钱）

金钱可以赢得时间、获取知识，让获胜的概率向你倾斜。金钱利用了前两个因素的优势。在保本基金这个例子中，我们的资金来源于美国财政部支付的五年期债券利息，而不是我们自己的资金。正如我之前提到的那样，运用别人的钱（OPM 策略）为财富的积累提供巨大的杠杆。我们创建明特的启动资金就来自英仕曼集团。

1994 年，英仕曼集团成功上市，和明特之间的合作也随之结束，我生命中的英国时代也暂时告一段落。在为他人管理资金 20 年后，我不想屈从于政治利益，而在上市公司工作的目的就是为了取悦更多的人。

我想在不征求许可的情况下执行自己的想法，或者在测试之前就把我的想法推销出去。在做了 20 年的资产经理之后，我只想管理自己的钱，研究自己的想法，然后给一些朋友和支持者提供建议。如果你 20 年如一日地只做一种工作，即使这是件不错的差事，你也可能会渴望新的挑战，而且是少开会的那种。当英仕曼集团上市时，时任 CEO 的斯坦利·芬克希望我帮助他运营公司。但是我更喜欢搞研究，对公司治理没有兴趣，于是我拒绝了他。这个决定让我损失了大约 1 亿美元。

我在本书前面的章节里给过要认识你自己的建议。我意识到，当我独立自主地用新的富有创造性的想法赚钱时，我才是最幸福的。1994 年，我认为是时候将目光转向美国本土，然后专心打理在家族办公室中的白有资产了。结果，我和我的合作伙伴还有员工的表现非常好。

我希望你能够在生活中用你自己的时间和方式获得些许成功。你有可能赚不到 1 亿美元，但是如果你的赌局足够好，成功的概率会一直陪伴着你。我意识到，对于我的很多读者来说，拥有 10 万美元的启动资金似乎都是一种奢望。在下一章中，我会分享运用这种方法的建议，它们适用于任何投资者。

| 第 7 章 |

交易原则的应用

成功的最大好处之一就是你可以帮助其他人。然而，当人们想从我这里获得股票的小道消息或者具体的交易指导时（就像他们一直做的那样），我不得不告诉他们这不是我的交易方法。我的交易体系是完整的，各个部分是无法单独拿出来和大家分享的。另外，我的交易哲学也能够让刚刚入市的新手、小散户和大户受益匪浅。自从离开明特以后，我发现和学生们交谈并指导年轻人如何积累财富让我感到非常满足（别担心，如果你50岁了，同样可以按照我说的去做）。

对于那些对趋势跟踪的基本原理感兴趣的投资者来说，我会在本章的最后和大家一起探讨。

我们先说重要的事情。

钱从哪里来

正如我在前一章讲到的那样，我早些年曾在加利福尼亚州做过一笔交易，获得了10万美元的提成，这些钱足够支付我的家庭和创建明特投资管理公司初期的开支了。也许年轻的投资者读到这里会认为筹集10万美元太难了，或认为凑齐1万美元也不容易。我要送给你两个词：渴望和计算。

渴望

当你想获得入市投资的第一笔资金时，"渴望"这个词是你最有力的动力。也许你更喜欢"需要"这个词，你要把"需要"这个词转化成"渴望"。还记得吗？我家里有妻子，孩子也快出生了，而我当时身无分文。我对金钱的渴望促成了我在加利福尼亚州的那笔交易，进而为我打开了通往伦敦的大门。这就是推动你往前走的渴望的力量。关于这一点无须赘述，你必须更好地审视自己，否则你的一生必将碌碌无为。

计算

你不需要用高等数学来赚钱，你只要会计算就可以了。你可以通过计算积累起你的第一笔入市资金。

你知道我是白手起家的。我最初攒了 1 万美元，然后又从家人和朋友那里筹集了 10 万美元做了一个资金池。我向投资者收取 20% 的业绩佣金，也就是说，如果我的基金赢利了 20%，那么我最初 10% 的投资将会获得 56% 的收益。实际上，我做得比这个好多了。这就是计算的含义。

但是你会问：我要去哪里才能凑齐最初的 1 万美元？

数一数你的钱都花在什么地方了。90% 的钱用来生活，剩下 10% 的钱用于投资——显然，你的理财顾问经常会和你这么说。然而，能做到的人屈指可数。例如，我的一些朋友会把年终奖作为薪水的一部分，他们会花 3 万美元用于成人礼的筹备。但是，如果你查一查就会知道，奖金不是薪水的一部分。如果你的生活开支包括奖金的话，那么你就是靠 110% 的薪水过活了，这样你可攒不下什么钱。

另外一种方法是找一份副业。先存 1 万美元，再拿出

5000 美元投资。(在投资之前一定要留有现金以备不时之需，这笔钱应该能够支付 3～6 个月的生活费。)

我第一次意识到这一点时还是个孩子。那时我正和我的表兄在沙滩上，我们打算卖冰激凌，但是我累了，所以就没去，在四周闲逛，等着与他交接班。其间我和其他的孩子一起玩扑克牌，虽然我眼神不好，但是我能算 10 张牌。每张牌上面都押了 1 美元的注。我对自己说，我有 1 美元，如果我看着别人出牌并算牌，我就有机会赢 10 美元。

几乎没有人相信你光靠计算就能赚钱，但是你可以。很多行业都在这么干：保险、银行，甚至广告，因为他们在发布广告后会利用客户资料数据进行跟踪和测试。他们通过计算数据检验广告的有效性。在明特，我们是通过计算机实现数据计算的。我总是希望这些计算机在我睡觉的时候也能运行。沃伦·巴菲特曾经说过："如果你不能找到在你睡觉的时候都能赚钱的方法，你就会一直忙到死。"

我靠计算利率赚了很多钱。实际上，我的成功在很大程度上是建立在巧妙地利用债务和计算债务之间的差异上的。当我在大学第一次听到教授嘲笑那些支付交易总额的 5% 的人时，除了我，其他人都在笑。我当时正在计算，然后算出了如何用 500 美元在商品期货市场中获利 1 万美元。

你总是要计算自己有多少资金，以及赚钱和赔钱之间的比例关系。当你的计算结果能够从逻辑上讲得通，并且资金充裕的时候，你就可以参与下一场赌局了。请记住：计算是思考的工具。拿破仑·希尔说过："你可以通过思考致富。"

赌场老手和菜鸟之间的差异是什么？

赌场老手在输的时候会减少下注的筹码，而菜鸟则会不断加码，试图连本带利都赚回来。

风险控制就是一切

市场不是我的朋友，我不知道它会发生什么。然而，我能够控制自己下多大的赌注以及什么时候下注。交易的第一条基本原则：你能承受的亏损是多少？在你做出回答之前，请不要回避这个问题、做单向交易甚至下任何赌注。你只有在了解自己、资金情况和面对亏损的心态以后，才能采取下一步行动。但无论如何，绝对不要拿你的生活方式做赌注。下面的内容是我在明特期间使用的一些额外的风险管理技巧，它们适用于任何投资者，与资金量无关。

> ➤ 以最坏的打算为底线。我总是想知道当下的风险是什么，我会亏损多少钱。

> ➤ 在任何一笔交易中，净资产的风险只能占很小的比例。重复一遍：在任何一笔交易中，净资产的亏损比例不能超过 1%。

> ➤ 分散你的赌注。多元化，一定要多元化。确保你的多元化投资不会集中在相同的领域。我们同时在几十个市场交易，希望你的投资范围更加广阔。

> ➤ 严格按照计划执行。和任何一个优秀的交易体系一样，我们的交易体系是建立在合理的原则和研究的基础之上的。然而，如果让 20 个人来执行这套体系的话，其中大多数人都会失败，因为大部分人缺少遵守交易体系的自律性。这就好比人们在新年伊始决定减肥，但是还没有等到月中就放弃了。

如果你每天都能够从市场中赚钱，那么你会很容易坚持现有的交易体系。但是，没有任何一种交易体系能够始终正确、一直赚钱，趋势跟踪体系或者其他交易体系都不行。请记住，赌局分为四种：好的赌局、赢的赌局、坏的赌局和输的赌局。如果你参与了 1000 次好的赌局，那么随着时间的推移，你会赢得一切。多长时间呢？这个我们不得而知。所以你要提前知道当你的交易体系失灵时能够承受多大的损失。大多数人都无法忍受亏损，当他们遇到困难时，他们会试图补充、扭曲甚至改变自己的交易原则。通常情况下，只有那些最精明的人才会这么做，尤其是那些认为自己拥有极高智商的人。你最不想做的事情就是当你发现自己处于同样的境地时，不得不和你的合伙人见面，对他说："我们已经连续亏损六个月了，现在该怎么办？"

只有当你获得财务自由的时候，你才会在危机中做出更加理性的决策。那些在牌桌上缺少筹码并押上房子放手一搏的人注定会成为失败者。当你内心充满恐惧的时候，你是无法做出理性的决策的。

你看，投资者很容易被自己的情绪所误导。回顾我在英仕曼集团的那段时光，我的一个同事曾经是英国陆军的上校，他是一个意志坚定的人，服役期间专门从事炸弹拆除工作，那可是世界上压力最大的工作。

有一次我问他："你是怎么做到的？"

他说："其实没有那么难。炸弹有很多种类，马来西亚的炸弹和中东的炸弹是完全不同的。你只要过去看看它属于哪种炸弹，然后把它拆了就行了。"

我说："我想问你一个问题。如果碰到了一枚你不认识的炸弹会发生什么？"他看着我的眼睛说："你要认真对待它，别让它爆炸，否则你就再也没有下一次了。"

有一天我走进办公室，发现他这个意志坚定的人几乎要崩溃了。我问他哪里出了问题。实际情况是，美联储做出了重大的政策转变，这导致了很多主要市场的趋势发生了逆转。一夜之间，我们的基金从最初的 10 美元上涨到了 15 美元，随后又下跌到了 12 美元以下，这一切就发生在他为瑞士的一家大型银行客户开立账户之后不久。

我告诉他："马上给他们打电话。"

"你说什么？"他的语气中带着疑虑。我用更慢、更坚定的语气重复了一遍："给他们打电话。"

当我还是经纪人的时候，我的老板告诉我，如果你不在客户亏损的时候打电话通知他们，其他人就会替你这样做。老实讲，我当经纪人的时候就做过给别人的客户打电话的事。当我给潜在的客户打电话时，他们都会抱怨自己的经纪人，而我会说："哦，他怎么能让您做那笔交易呢？"

我在电话里向那家大银行解释说，我们的模型显示这种情况每隔几年就会发生一次，而且我敢保证九个月后我们的基金会再创新高。"实际上，"我说，"我刚刚借了一些钱增加了自己在基金中的投资。""你真的这么做了？"对方惊讶地问我。我向他保证我这样做了。

不出所料，客户账户中的资金翻倍了，我们的基金也同样暴涨了。后来，那家大银行成了明特最大的客户之一。我当时为什么会那么肯定呢？因为我很清楚我们的交易系统是怎么运转的。这笔交易能够有如此出色的表现，是因为你有一个清醒的交易系统，知道从长远来看会发生什么。

明特的交易体系并不是在所有时候都把正确放在第一位。我们优先考虑的不是在出现亏损时减少损失，而是在赢利的情况下继续让利润最大化。然而，结果却经常事与愿违。我们理解这一切，并期待着好的结果，同时也让我们的客户变得更加睿智。如果你拥有一套优秀的交易体系，如果你研究过赢利的概率，并且确定能够承受的亏损金额，那么即使在市场对你不利的情况下，你也要坚定地相信你的交易体系。迈克尔·德尔曼喜欢说，人的每一个决定都有可能带来失败。我们最大的成功在于构思和建成了这一自动交易系统，这样它就不会被我们平时的判断和决策能力所左右。我们每个人都签了一份协议，没有人能够撤销系统的指令。也许这就是无为而治吧。

此外，跟踪波动性同样重要。市场的大幅波动和景气度的衰退足以让一个精明的投资者变得和傻瓜没有任何区别。当市场真的出现大幅波动的时候，我们会停止交易，暂时离场。还记得我之前提过的时机选择的内容吗？投机者的优势就是选择何时下注。如果条件不合适，坚决离场。你必须把钱永远押在赢家的身上。

及时止损，抱紧赢家：发现和跟踪趋势的基本原理

我已经从理论上和大家分享了趋势跟踪的基本原理，以及你如何将这套系统应用到你的爱情和生活中。这是本书最重要的一课。不要再年复一年地深陷在糟糕的婚姻、工作以及生意当中了。相反，你应该去寻找上升趋势，然后抱紧它，直到这波趋势走完为止。和出色的配偶在一起，对正在崛起的行业加大投资。这听起来非常棒，当模式清晰时，这是显而易见的。但是这个世界变化无常，我们又该如何判断？

判断价值正在上升或者下降的股票或者大宗商品并不难。最基本的方法之一就是使用"移动平均值"，它是指你选定的某项资产在特定时期内的平均价格，通常从10天到200天不等。这就是我判断在移动中的股票或者大宗商品的方法。

你应该如何选择你的时间框架呢？例如，20天或者30天短期移动平均线可以提前预示趋势，但是你要经受得起波动的煎熬。200天移动平均线会较慢地反映出趋势，

但是成功率很高。你可以设定规则来决定趋势的强弱，从而发出买卖信号。行动起来吧，通常来说，你的目标是运用移动平均线提前预知上升或者下跌趋势，这样你就不会错过它们。我们不要关注短期的波动，因为只有时间足够长的趋势才是真正的趋势。

我可能会在处于上涨趋势中的 200 天移动平均线上买入股票，然后坚定持有，直到它下跌产生我事先设定好的能够承受的损失时再离场。我不会坐以待毙，我可不是来这个市场赔钱的。

你可以将这一原则应用到不同的投资场景中。比如说，你只能承受非退休股票投资组合价值出现 5% 的回撤，这意味着当你的投资组合亏损达到 5% 的阈值时，你就会卖出所有下跌的股票。这是一个保护你不受"最坏"行情影响的原则。

你的财富中风险投资的比例是多少？这和你有多少钱没有关系。当人们看到自己的财富出现大幅波动——不管是增长还是缩水时，他们都会情绪化，容易受到偏见的影响。这就是我们面临的问题之所在。让利润最大化意味着你只有在止损点出现的时候才清仓离场。好好享受趋势带给你的乐趣吧。然而，一旦市场发出让你卖出的信号，你就不要再留恋那些已经让你赚了很多钱的伟大投资了。在你的交易行为中要坚决贯彻止损的策略，这样一来，你就不会在压力下做出慌张或者仓促的决策了。

在你离场之后，什么时间才是重新进场的时机呢？移动平均线会告诉你最佳的进场时机。反之亦然。如果你的策略执行得非常好，当止损点出现的时候，请小心离场，让属于自己的利润落袋为安。总览我在交易和投资生涯中学到的所有东西，对于大多数人来说，让获利持续增长是最难的。

期权和止损的基本知识

人们相信交易充满了风险。但是你可以用一种简单的工具来保护自己。当你买入股票或者大宗商品期货时，你需要设置止损单。一旦资产下跌到你事先根据自己能够承受的损失设定的价格，系统就会自动执行卖出指令。

我喜欢设定一个"跟踪停损委托"[○]，用来调整跟踪价值，这个调整是非常重要的。如果你以 100 美元的价格买入某个标的资产，并且设定了 2% 的止损，就说明你愿意损失 2 美元。一旦资产下跌到 98 美元，你就可以止损离场了。然而，如果资产的价格涨到了 110 美元该怎么办呢？有了跟踪停损委托，系统就会以 110 美元的

○ trailing stop，投资者按市场价格的变动而设定的停损委托。

2% 自动抛售资产，而不是 100 美元。因此，你保留了赚到的大部分利润。

另一种避免损失的方法是购买期权，这也是我喜欢的交易方式。当你买入期权时（在商品市场和股票市场都可以），你在向卖方支付一定数额的权利金后拥有在未来一段时间内以事先商定的价格向卖方购买一定数量标的物的权利，但不负有必须买进的义务。

你为什么要购买期权呢？因为你知道这种资产的价格走势。这种行为实际上是在制定原则。例如，假设你花了 20 美元购买了 3 个月的期权，约定以每股 200 美元的价格买入一定数量的股票。随后股票价格上涨到每股 300 美元，你就会执行期权，买入股票并在市场上卖出，赚取 50% 的利润。你在期权交易上要面临两个风险：价格和时间。股票期权就是一个非常好的非对称杠杆的例子。期权的成本并不高，但是其潜在的上涨空间却非常大。

止损系统既不引人注目也不让人兴奋，但是谁又希望在投资的过程中节外生枝呢？

不要把你的运气押在坏的赌局上

当你学会了怎样止损，就不会禁不住诱惑去做一些危险和违法的事情。人们只有在投资上遇到大麻烦的时候才会铤而走险。大家都应该听说过内幕交易罪，根据投资百科（Investopedia）的解释，内幕交易是指能够获得有关证券的重要非公开信息的人买卖证券的行为。内幕交易是否合法取决于内幕交易者交易的时间，当重要信息没有公开时就是非法的，这个时候进行交易是有风险的：（1）你不知道信息是否正确；（2）如果是违法的，你可能会坐牢。

你总是能够找到人们因为被指控内幕交易而被逮捕的案例。对于我来说，内幕交易是最糟糕的赌局之一，所以我不会冒这个巨大的风险。首先，你无法证实消息的来源。其次，你会因此放弃道德的约束，你的风险和收益会因为你将面临的牢狱之灾而出现巨大的变数。这么做绝对不是明智之举。

如何让你的利润最大化

当我们全家搬到新泽西州的萨米特时，我们住在一栋很普通的房子里，后来才搬进了一栋 11 000 平方英尺的大房子，我和妻子西尔比在此孕育了我们的两个女儿。住在漂亮的房子里是我多年以来的梦想。你要知道，我小时候家里根本就买不起房子，我是在海洋大道和第五

───────────

　⊖　约 1000 平方米。

大道看着窗户外面的墙长大的。在我童年的大部分时间里，我甚至没有一间属于自己的卧室。我现在居住的房子里有一个暖和的地下游泳池、大草坪和很多房间。我最喜欢的是我的书房，它看起来非常像《教父》里唐·柯里昂的办公室。

我在佛罗里达州的好莱坞为我的父母买了一套公寓，终于实现了儿时的承诺。他们在那里有亲戚，公寓就在我那个有钱的叔叔家旁边的一个小区里。我的父亲希望一切从简，但是我拒绝了。我母亲所有来自布鲁克林的朋友都住在那个地区，对她来说，住在他们附近并且与他们的居住环境保持一致是件好事儿。女人的不安全感本身就比男人强，而且我的母亲还经历了大萧条，这让她的不安全感更加强烈。

我的父亲去世后，母亲会定期来北方看我们，和我们住在一起。有一次，她在晚饭后来到我的书房前。

"你听我说，拉里，你已经做得很好了，但是你从事的是大宗商品交易，"她说，"每个人都知道这太危险了。你现在有足够的钱，完全可以全身而退了。"

如果你知道自己在干什么，就知道事情本身并没有你想得那么危险。然而，很多人在诸事顺利的情况下反而不知道该如何是好了。我注意到这就是穷人思想中的误区。

我注视着母亲，思考着她的问题。"妈妈，"我说，"谁是我们这个大家庭里最富有的人？"

"嗯，是你，拉里。"

"你想一直过这样的生活吗？"

"是的，当然。"她说。

"那好，我接下来要怎么做呢？和家里的其他人一起做服装生意？你觉得那个行当适合我吗，妈妈？"我继续说，"我了解期货行业，我已经研究很多年了，我的公司有六个博士为我工作。我知道自己在哪个领域是公认的专家，如果我因为自己在这个行当做得太好而退出，转而去做服装生意，这难道不是太愚蠢了吗？"

如果有些事情好到难以置信，我的母亲可能会说，那可能不是真的。但是我不这么认为。我会说，嘿，伙计，放聪明点儿，尽情享受这一切吧。一个曾经患有阅读障碍症、一只眼睛失明、毫无运动天赋、学习成绩糟糕的孩子，如今生活在这栋 11 000 平方英尺的大房子里。这个世界可能要比你想象的好得多。

你可以说这一切都是因为我是个幸运的大傻瓜。但我想说的是，我拥有搏一把的勇气，以及做出聪明下注的智慧。我有一个目标和计划，和建立一个告诉我何时进场、离场以及加仓的交易模型的想法。最重要的是，我喜欢在市场上赚钱。我有一套实际的标准，我会从弄清楚或者找人来执行我的想法的过程中得到乐趣。我赚到的钱证明我的想法是正确的。

当然，我尊重母亲的问题，我自己也常常思考这个问题。

奇怪的是，几周之后，我那个聪明的 15 岁小女儿走进了"唐·柯里昂的办公室"对我说："爸爸，我知道你很成功，我也为你感到骄傲，难道你不觉得这已经足够了吗?"显然，她也有不安全感。我和妻子都是独生子女。我把我的女儿们抚养成人，宠爱并且呵护着她们，从不让别人欺负她们。

我们聊了一会儿，我向她解释了我和她的祖母说的话。我对她说，我没打算再去成为其他任何事的专家，但是更重要的是，仅仅因为我擅长某些事情并不意味着我就应该停下来。让利润最大化，这就是我正在做的事。

我意识到人的财富与神明的保佑之间没有必然的联系。我所积累的大量财富是一个能够创造财富的交易体系运行的结果，至于能够获得多少财富并不重要。我想说的是，如果你是通过诚实和智慧赚到这么多钱的，那就让它们继续为你增加财富吧。如果你为人宽宏大量，体贴家人，你一定会成为人生的赢家。如果你如实纳税，并且和那些算不上幸运的人分享你的所得，财富始终会眷顾你。

我注意到，作为犹太人或者天主教徒，在这些信仰中长大会给你一种内疚感。当事情进展得很顺利的时候，你不会相信自己有权力去享受这一切。当我年轻的时候，我没有做好成功的准备，无法承受现实的残酷，但是随着时间的推移，我开始明白，生活远比你想象的更好。我希望你和你的家人，以及你的朋友也能如此觉得。

| 第 8 章 |

交易哲学的传承

离开明特以后，我开始用自有资金投资。2000年，我成立了海特资本（Hite Capital），这是一家家族财富管理公司，同时也为一小部分私人客户提供服务。这让我的自营交易和在系统交易领域的研发工作得以延续。起初，由于客户可能会在获得最佳风险调整回报后选择退出，我的目标是没有客户。选择客户要像选择投资一样小心谨慎。我想要一个更刺激、更有创意的环境来培育新的想法，所以我决定招募一个团队帮助我运营公司，事实证明这是一个非常明智的决定。

我雇用了亚历克斯·格雷瑟曼，他在明特担任了十多年的研究主管，主要负责交易策略的研发、明特资产的管理以及整个投资组合的风险管理。那时他正在罗格斯大学学习统计学，后来拿到了博士学位。亚历克斯·格雷瑟曼把我介绍给了受人尊敬的托马斯·贝叶斯，这位英国统计学家创造了一个确定条件概率的数学公式。如果我用概率表示一副扑克牌中的黑桃 A，那么这张黑桃 A 就是这幅牌的 1/52。如果我使用很多副牌，那么概率就会变化，就像在市场中一样。在贝叶斯统计中，随着环境的不断变化，你必须使用平均值（例如，棒球比赛中的击球率就是贝叶斯统计）。多亏了亚历克斯，我有了一个新的策略，它可以确定任何市场趋势的概率。

吉尔伯特·李也加入了我们。他是明特和英仕曼集团的高级研究分析师，负责执行投资策略并管理着超过五千万美元的资金。我的团队重组了，我们都很享受手上的工作。当然，我们有着共同的哲学思想和交易体系，只不过这一切仅限于我的团队和少数与我们志同道合的客户。

下一代

我离开明特之后的生活能够让我有时间来谈论一些年

轻人的工作，他们和我一同起步，表现得非常出色。这些年轻人天资聪颖、勤奋好学，而且想挣更多的钱。我和他们至今仍是亲密的朋友。他们就是让趋势和人有机结合在一起的典范。

很多优秀的年轻人刚刚毕业，或者在即将毕业的时候就开始为我工作了。在第一天工作结束以后，我经常会以这样的开场白开始和他们的对话："好吧，告诉我你们在沃顿都学到了什么……"

然后我会告诉他们，他们在学校里学到的很多东西都是错误的。我这里指的是那些基于坚信市场有效的理论和经济思想。我告诉他们把这一切都忘了吧，然后会解释说，我之所以会战胜市场，是因为我知道了我不知道的东西，而我的优势就是没有受到正规教育的阻碍。直到今天我依然喜欢看到他们那不知所措的样子。

迈克尔·莱文就是这样的一个年轻人，他是我的律师西蒙·莱文的儿子。迈克尔曾在埃克塞特大学和沃顿商学院深造，并且在 20 世纪 90 年代初上大学的时候在我这里做实习生。他看起来是个不错的人选。

除了买咖啡和午餐这样的零散工作，他还得到了为我研究和推荐股票的机会。他推荐的一只股票是学生贷款公司（Student Loan Corporation），这是一家由花旗银行持有的私人银行，作为联邦政府的中介，它的学生贷款业务有着很好的资源保障。

迈克尔在研究报告上提到，大学贷款的需求正在呈上升趋势，而学生贷款公司又是政府首选的中介机构。我查看了报告上的数据，又确认了一下趋势，然后投资了100万美元。随后我告诉他看看接下来会发生什么。这只股票上涨了50%，然后是75%，再后来是100%（当然，我们无法预测到这么大的上涨幅度）。迈克尔是个很有才华的年轻人，所以当他大学毕业的时候，我向他抛出了橄榄枝。他的梦想是成为一名投资银行家，但是我告诉他，我会出钱让他投资，并且和他一起分享利润。"如果你愿意为自己赌上一切，那么我就奉陪到底。"

从1995年到1999年，他在我这里工作。后来，他想自己出去闯天下。他梦见他可以成立世界上最大的风险投资公司。如你所知，我相信梦想。我相信迈克尔，所以支持他的梦想，给他投了500万美元。后来，英仕曼集团也加入了进来。

在我创建海特资本管理公司之初，我让迈克尔和保罗·利西亚克使用我们的办公室。他们选择新的冒险的时机简直太糟糕了。1999年，20世纪90年代后期的科技股泡沫破裂了，所有被高估的科技股股票的价格一泻千里。英仕曼集团的人用一种我可以理解的方式回应说：

"好啦，伙计们，感谢你们的努力，你们已经尽力了，但是我们不需要再继续下去了。"这么说很难让人接受吗？不会的，因为这就是交易的原则。

迈克尔他们正年轻气盛，还不准备放弃。由于接受了别人的投资，他们想要履行之前的承诺。我对迈克尔说："你们为什么不考虑回来呢，你们可以做我的助手，为海特资本提供一些建议，我会给你们报酬，你们还可以继续你们的投资生涯。我会分走你们在任何投资上获得的利润的 10%。"我告诉他，要记住下面的原则：你可以做任何自己想做的事，但是你必须告诉我你愿意承担多大的风险。

他们起初无法获得稳定的投资收益，因此不得不对投资标的进行严格筛选。然而，最终的事实证明他们的投资非常成功。截止到 2007 年，我们这只 1999 年成立的基金最终为投资者带来了 350% 的收益率。现在，迈克尔是瑞士信贷亚洲资产管理部门的负责人。他确实是个不错的人选，从来没有让我对他本人产生过"止损"的念头，即使是在他被英仕曼集团放弃的情况下。

我对这件事印象深刻的另外一个原因是：重生。英仕曼集团允许迈克尔和保罗使用他们在世界金融中心 27 层的办公室。我们经历了 2011 年 9 月 11 日的恐怖袭击，这些建筑物在袭击中遭到重创，但整体结构并没有被破坏。迈克尔和保罗无法恢复他们的文件和硬盘，当时也没有云计算或者其他备份。我们不知道整栋大楼会关闭多久，对于这两个年轻人来说，他们既没有后台办公室，也无法承受与客户失去联系的风险。我的一个朋友知道一条可以进入大楼的通道，于是，我们四个人背着包爬上了 27 层，把所有能够找到的资料文件都塞进了背包里。这样他们就可以在新的办公地点重新开展业务了。

维克拉姆·戈库达斯是另外一个我有幸指导的趋势跟踪践行者。维克拉姆刚加入明特的时候是一名程序员，后来转岗做了分析师。他向我证明了他愿意学习，而且学有所成。公司进行人事调整的时候，他从不抱怨，而是选择接受挑战。他目前为我管理着数百万美元的资产，这足以说明我对他信任有加。你看到这里的运作模式了吗？将赌注押在合适的人身上，你会得到丰厚的回报。

在大部分企业中，对人下赌注的原则就显得不那么适用了。即使在赢得荣誉并且让企业更加成功的情况下，人们还是会面临裁员的危险，以成全企业的短期目标，而非长期的稳定。当你发现这些人才的时候，请给他们一个机会，让他们达到并超越你的期望。不要期待完美，因为人本就不完美。

> 亚历克斯·格雷瑟曼是另一个从一开始就跟随我左右的青年才俊。亚历克斯出生在苏联，12 岁时来到美国。他在大学里学过数学、统计学和工程学，毕业后在工程部门工作过一段时间，但是他梦想进入金融行业。1989 年，我正在寻找一个懂计算机的人来帮我处理数据和数字运算。1990 年初，他加入我们并负责这块工作。多年以来，他以宽客的身份在明特做数据分析，和我一起花费了大量时间思考概率和风险问题。后来，他晋升为研究主管并加入了海特资本。

关于我们的交易系统，亚历克斯给我上了生动的一课。他知道我们所做的一切的秘密不是你在想什么，而是你如何去想。他之前说的话我会永远牢记于心。当时他正在看我给他的数据图表，几分钟后，他说："你正在玩儿一场正平均数游戏。"

大多数专家将其称为"正和博弈"。年轻的投资者和交易员都会被灌输华尔街进行的是"零和博弈"的思想，也就是说每一个赢家的背后都有一个输家。而我们的交易系统能够创造出赢家。

在海特资本的那些年里，亚历克斯和我有更多的时间做深度研究，这是一个极好的机会。我们一直沉迷于用大体量的历史数据库来模拟各种趋势跟踪策略在不同时期的表现。正如我在海特资本成立之初写给投资者的信说的那样：

> 即使在众多学术界内外的博士进行了广泛分析之后，仍然没有人能够确切地给出任何既定策略在任何短期之内的赢利情况。然而，我们能够确定的是使用每一种策略所承担的风险，甚至是多重策略组合所承担的风险。有了这些研究成果，我们就可以知道这种程度的风险在过去本会给我们带来什么样的后果。因此，我们能对假设的风险做出更准确的预测。

目前有许多关于趋势跟踪的研究，研究人员使用了过去几十年的数据。亚历克斯分析了过去 800 年（是的，800 年）的商品和股票投资数据，并使用趋势跟踪策略计算出总体的年平均收益率，一直回溯到我在柬埔寨参观吴哥窟时看到的废墟所在的年代。

我们此处引用亚历克斯和凯瑟琳·卡明斯基在《管理期货的趋势跟踪策略》（*Trend Following with Managed Futures*）⊖中的自述：

⊖ Alex Greyserman and Kathryn Kaminski, *Trend Following with Managed Futures : The Search for Crisis Alpha,* Wiley, 2013.

　　我们使用了 84 个市场的月度收益率，其
中包括股票、固定收益、外汇以及大宗商品市
场……数据选取范围从 12 世纪到 2013 年……
一个具有代表性的趋势跟踪系统代表了几个世
纪以来任何可能存在的市场的"趋势跟踪"的表
现……在任何一个时间点，计算出趋势是否存
在，投资组合只涉及至少有 12 个月历史的市场。

　　哇哦，我们用一年的最低数据门槛考察了 84 个市场
在 800 年里的表现。我们证明了在 800 年的时间里，有
代表性的趋势跟踪策略产生了 13% 的年平均收益率，同
时年平均波动率是 11%。相比之下，这个结果远远超过
了买入并持有策略 4.8% 的收益率。

　　我们的研究（又一次）证明了我们对于人性的理解。
人类喜欢制造繁荣和泡沫，即使我们不知道下一次大事
件发生的确切时间，也可以预测。你看，我可以在荷兰
的郁金香繁荣期间赚一大笔钱，因为我们的研究表明，
趋势跟踪者在郁金香市场崩盘以前就可以获得丰厚的利
润。我们再以 1987 年的"黑色星期一"和 1929 年的
股票市场崩盘为例。我们的研究表明，在 1928 年 10 月
到 1930 年 10 月期间，趋势跟踪策略可以带来 90% 的收
益率。

　　正如我之前所写，迈克尔·卡沃尔在他具有里程碑意

义的著作中也证实了类似的发现：趋势跟踪确实可以在市场最糟糕的时刻发挥作用。我们的研究还证明了一些其他东西：那些可能引起市场混乱的意外事件，也就是我们所说的"黑天鹅"，一直伴随着我们。正如亚历克斯和凯瑟琳所总结的那样，"趋势跟踪在危急时刻的积极表现并不局限于 1929 年的华尔街崩盘，也包括荷兰郁金香狂热时期的表现。实际上，趋势跟踪策略似乎在历史上最困难的时候表现更为出色"。

在当时的另外一个模拟项目中，我们想要确认"完美知识"的价值，所以我们建立了另一个模型。下面我将再次引用我在信中的内容：

> 如果我知道一个市场投资组合在年底的价格，会怎么样呢？为了回答这个的问题，我们到公司的数据库中查找某一特定年份 12 月 31 日的价格，然后向自己提问："有了这些知识，那么从本年度的 1 月 1 日开始，我们将使用多少倍的杠杆来实现最大的优势？"研究发现，即使对最终的价格做出了完美的预测，我们也无法维持超过 3 : 1 的杠杆比例，因为我们不能预测到达最终目标的路径。
>
> 与直觉相反，我们得出了杠杆可以通过对不相关的资产采取多种策略来降低风险的结论。我

们可以大幅降低投资组合的标准差，从而降低
风险。

生活一次又一次地证明，即使是最严格的预测市场行
为的尝试，当它比可靠的事实更有吸引力的时候，也会
在人类的野心和相信市场讲故事的欲望面前失败。

25 美元变成 200 万美元的故事

亚历克斯和迈克尔帮助我完成了职业生涯中一笔伟大
的非对称杠杆交易。1994 年，亚历克斯建议我买下 mint.
com 这个域名，我采纳了他的建议，然后让公司的每个
人都注册了 mint.com 的邮箱。这很好，可是由于当时的
域名市场还没有发展到今天的程度，我们当时并没有想
太多。

2006 年，阿隆·帕策尔联系了我们。帕策尔当时正
要通过他的明特软件公司推出一款在线金融服务工具，
他告诉我们他需要 mint.com 这个域名。他和亚历克斯谈
了谈，愿意出价十万美元买下这个域名。我们都认为这
不会明显地影响我们的生活方式，但是我们对帕策尔的
做法倒是很感兴趣。迈克尔对明特软件公司进行分析后
发现，这家公司拥有大量高等级的风险资本、强大的商
业计划以及对未来的美好愿景。我们认为帕策尔的公司

前景可期，应该考虑获得对方的股权。

我们联系了帕策尔下面的人，希望用对方的股权作为交换条件，他们拒绝了。我告诉他们，我们不需要这十万美元，他们可以去找其他域名。最后，帕策尔做出了让步，同意给我们 2% 的股权，其中还包括反稀释权，这样一来，即便公司以后扩大资本，我们也可以保留手中的股份。

2009 年，帕策尔以 1.77 亿美元的价格将公司卖给了财捷（Intuit）。这笔交易使得我们的投资额达到了 400 万美元，而亚历克斯在 20 世纪 90 年代初期买下这个域名时的价格只有几百美元。迈克尔和亚历克斯当初也投了一点钱，并且获得了一笔可观的分红。而我则把我的那部分捐赠给了海特资本旗下的一家慈善机构。这笔交易简直太酷了！

重新管理别人的钱

2010 年，我加入了一家新基金公司，与我在英仕曼集团的朋友斯坦利·芬克勋爵再度合作，同时，亚历克斯和吉尔伯特也一起加入了我们的团队。当时芬克勋爵刚刚从手术和健康危机中恢复过来，想重回市场进行新的冒险。他离开了英仕曼集团，想要创建一家和明特的交易模式类似的新基金。2010 年 2 月 21 日，《金融时报》做了如下报道：

> 英仕曼集团的 AHL 基金所采用的系统性策略，是海特先生在 20 世纪 80～90 年代于美国率先采用的，同时，在芬克勋爵的领导下，英仕曼集团达到了顶峰。海特先生开发的这套复杂的、由算法驱动的模型，旨在发现和跟踪市场趋势，为他的客户带来了超过 30% 的年平均收益率。

> 海特资本并入了一家名为国际标准资产管理（ISAM）的头部基金，该基金在成立初期就管理着大约 7 亿美元的资金。我们的目标是在相同的哲学和原则指导下，在 250 个不同类型的市场中为外部客户运行趋势跟踪策略。

> 芬克勋爵想要回到定量游戏中来，但是他缺少一套与海特资本相同的交易系统。他告诉我们，我们以往的优势在于我们对历史的深度测试，以及我们在大幅波动的市场中管理风险的能力。他成立了新的公司，我们也得以重新回到大舞台上来。再强调一次，不要错过机会，机会来的时候，抓住它。

> 你也许想知道，如果我喜欢做自己的项目，为什么还要到 ISAM 工作呢？因为我想和斯坦利一起共事，而且我也想为他做这件事。令我特别欣慰的是，亚历克斯以

首席科学家的身份成为公司的合伙人。他是我最早看中的人之一，看到他的人生在正确的趋势中不断前行，我颇感欣慰。

我还有一个更有趣的经历。许多年前，我有一个烘焙食品行业的客户，他是一位绅士。他把公司卖掉之后，拿着1000万美元来找我。在讨论他的投资计划时，我向他解释说这种事情并不经常发生。他马上纠正了我，说他已经做过好几次这种类型的交易了。他解释说，他有一个简单的成功秘诀。他在自己非常熟悉的烘焙行业深耕多年，而且他只和35岁左右的男性合作。他认为这些人朝气蓬勃、精力充沛，而且丰富的经验让他们的心态更加成熟。

我当时就发现了这个人的哲学的内在之美，并且为了自己的新冒险将他的话牢记在心。

芬克勋爵在2018年12月从ISAM辞职以前，一直担任公司的董事长。我很享受在ISAM的早期时光。然而，我更愿意成为沃伦·巴菲特那样的投资者，选中一只表现不错的股票，然后去做公开演讲和参加研讨会，但是我可忍受不了股票的大幅波动。就像亚历克斯说的："ISAM是世界上最无聊的地方。这里没有人大声尖叫，也没有人惊慌失措，更没有人对着手机大喊大叫。你只会在市场中交易，赚到钱，然后转身离场。"亚历克斯是首席科学家，也是公司的关键人物之一。

永远做好最坏的打算

你也许会想，这些年发生了很多不好的事情。例如，恐怖袭击导致市场崩盘，房地产经济泡沫导致华尔街的交易算法崩溃，以及由此引发的一系列损失。我一生中经历过很多次危机，比如2008年的金融危机和全球经济衰退，但是毫无疑问，"9·11"恐怖袭击是前所未有的灾难性事件。这些事件对全世界的人来说都是毁灭性的，纵观历史，你肯定不想在它们发生的时候损失所有的钱。

然而，知道可能发生的最坏的结果会给你极大的自由。

一些基金经理会说，在财务上可能发生的最坏的情况是破产和失去客户的本金。2008年的麦道夫事件让我们知道，实际上还有更糟糕的结果。有些投资者逃避或者违反法律，甚至腐败到无可救药的地步，当这种情况发生时，等待他们的将是法律的严惩。

你肯定想知道在任意场景下可能发生的最坏的事情，并为此制订计划。我曾经给一些刚刚迈过百万富翁门槛的人做过一次演讲，主题是"在市场波动的情况下保管财富"。这些人知道他们当时很富有，但是没有人知道十年后他们是否还是百万富翁。

我走下讲台，手里拿着一把收拾得整整齐齐的英式雨伞。

我把伞打开又合上了几次，其间保持着和观众的目光接触。他们感到很困惑，但是我的行为吸引了他们的注意力。然后我告诉他们我去伦敦参加岳母葬礼的事：我早上决定在参加完葬礼后，在离我妻子家不远的汉普斯特德公园散步。当时天气晴朗，但是我的妻子建议我带上雨伞。

我告诉她："在过去的七年里，我每六个星期就要去一次伦敦，你真的要我带上雨伞吗？"

她说："你是想说你比我更加了解伦敦的天气吗？我在那里生活了 26 年！"

最后我出门散步的时候没有带伞。那天不仅下了雨，而且是倾盆大雨，后来还下起了冰雹。我洗了个凉水澡，身上都湿透了。

说到这里，我在讲台上朝那些发出窃笑的人看去。"考虑风险的最佳时机就是在你开始做事之前。"我说。台下的人都大声笑了起来。

我一个非常富有的朋友说，如果你从来不拿自己的生活做赌注，从交易的角度来讲，什么坏事都不会发生在你身上，如果你从一开始就知道最坏的可能出现的结果是什么，你就会获得巨大的自由。我面对危机的原则与我们以往的风险管理方法没有什么不同：

> 根据最坏的情况做打算。我总是想知道我在冒多大的风险，能够承受多大的损失。

> 做好由于市场波动而损失资金的准备。你自己决定愿意损失多少有限的资金。永远不要让你的资金风险超出你能够承受的范围。

> 准备好损失和你的年收益规模相当的资金。例如，一项长期收益率为 10% 的策略，在价格回撤 20% 的情况下，应该做好损失至少 2 倍年收益率资金的准备。同理，一项长期收益率为 30% 的策略，应该做好损失 60% 的准备。

最后，在危机中，当你不再担心自己的财务问题以及由这些情绪带来的巨大压力的时候，你是不是能够做出更好的决策？当你对所涉及的风险有一种不健康的恐惧感时，你无法做出理性的决定。

一定要找到可能发生的最糟糕的事情，并通过改变自己的行为来保护自己，或许还有你的家人。

| 第 9 章 |

与年轻交易员的对话

　　本书旨在告诉其他人我是如何成为一名成功交易员的，以及如何将深刻的见解应用到自己的工作和生活中。作为另外一种教学形式，我很喜欢在旅途中与相遇的年轻交易员交谈。科拉德出生在美国，父亲是尼日利亚人，母亲是美国人，他在大学里攻读工程学，但是对贸易和投资越来越感兴趣。科拉德让我想起了我的老搭档亚历克斯·格雷瑟曼，他也曾是一位想要了解如何进入市场的工程师。我有了一个想法：见一面，然后探讨并分享金融怪杰的交易风格。于是，我安排了这次见面。科拉德，这个 20 岁出头的大学毕业生，和我这个 70 岁的老头儿，就如何在定量交易中赚大钱的话题展开了一场非常有价值的非正式对话。

科拉德：拉里，非常荣幸有机会和您这样一位经验丰富的前辈交谈。我最初想从事比特币的期货交易，很明显，当比特币价格下跌时，我们可以做空市场获利。我在这个市场里已经沉浸了好几个月的时间，现在主要从事比特币期货和其他衍生品的交易。所有这些品种的支付方式都比较相似。我想先提一个问题。

拉里：好的。

科拉德：市场的波动很大，我们很难预测。我清楚交易员有时候也会犯错，他们需要设定止损点，并且时刻关注他们的杠杆情况。我的问题是：您是如何创建一套交易系统，并让它在交易中发挥作用的呢？

拉里：我的全部优势就是在做任何事情之前，我必须清楚我下了多大的赌注、我为什么要这么做，以及什么时候收手离场。我是一个趋势跟踪者，这让我在这个市场中活了下来，也让我赚到了大笔财富。当我看到一个突破的机会时，我会出手买入。就在我买入的一瞬间，我的脑海中就有止损点了。

科拉德：即使你有丰富的知识储备，你也不会知道接下来的价格走势。我的意思是说，你对市场真的完全了解吗？

拉里：我干这一行已经40年了，作为风险投资人赚了很多钱，大宗商品交易让我赚得盆满钵满。在这些年中，我总是在交易前先问自己能够承受多大的损失。

科拉德：你愿意承受多少损失？

拉里：我在一笔交易中愿意承担的损失大概是2%。我是一个不折不扣的趋势跟踪者，根本不关心交易品种的供需关系，因为这对我来说并不重要。

科拉德：你能解释一下趋势跟踪是如何在特定的交易活动中发挥作用的吗？正如你刚才所说的，你的优势是趋势跟踪。能再具体地解释一下吗？

拉里：不管我当时决定用什么原则，我都会根据10天、100天和200天这些不同时间间隔的平均价格来确定上涨趋势和下跌趋势。如果价格在平均价格线之上，我就做多，反之做空。

你的买入价和卖出价之间的差就是你的核心资本的风险。你的核心资本是你的全部，它是你的交易资金池。如果你明白我所说的，请你不要做极端交易。

科拉德：我记住了。极端交易才是真正的问题所在。我想请教一个关于交易频次的问题。当你在市场中实际操作的时候，你每年或者每周做多少笔交易？

拉里：我在事先不知道具体数字的情况下会做所有符合我交易标准的交易，只要那个向上或者向下突破的趋势不会让我的资本损失 2%，我都会进场交易。

科拉德：就这些吗？

拉里：这就像跳舞，对吗？你去参加高中舞会，那里有很多女孩子。你可能会更喜欢其中的某一个女孩，所以你会去找那个女孩聊一聊。结果无非就是你被拒绝或者那个女孩同意和你一起跳舞两种情况。

科拉德：是的。

拉里：当你走到一个女孩子面前，也许什么都不会发生。你应该怎么办？当然是去找别的女孩子啦。

科拉德：好的，那么在交易的时候，你是如何找到那个吸引你注意力的女孩子的？

拉里：你要看它们有没有创新高。如果有的话，就意味着上涨的趋势是成立的。当价格触及六个月或者一个月的低点时，你就要平仓离场。市场会告诉你这些的，而不用你去告诉市场。如果市场告诉我往哪里走，我就跟上市场的节奏。所以，当一个女孩子拒绝我时，我会说非常感谢，然后去找下一个女孩子，请她跳舞。我们玩儿得很开心，然后一起共进晚餐，最后，我们就有了一个大趋势。

科拉德：如果你参加舞会，什么时间才是你去邀请女孩子跳舞的最佳时机？当她和另外两个男孩子说话的时候，你可能不会去打扰她。你会选择什么时间跟随这波趋势呢？你又是什么时候发现这个机会的？

拉里：当价格创下新高时，或者当市场明确告诉我它接下来的运行方向时，你就可以进场参与了。如果价格站上六个月的平均线，这就是信号。它会告诉我市场的走向。请抓住这个机会。如果你在任何市场中只在新高的价格上买入，你就必须设定止损点。止损才是重中之重。这样你才能在市场中存活下来。就是这样。你知道大卫·李嘉图吗？

科拉德：不，我不知道。

拉里：大卫·李嘉图是 18 世纪重要的金融家之一。他是英国最富有的人之一。出于业余爱好，他和其他几个人创建了市场经济学，但是他也喜欢交易。他经常说，当你买入一只股票，而它正在赚钱时，就要让你的利润最大化。当人们这样做了之后，他们就会变得富有。你只是不知道这波趋势会持续多长时间，所以你不要太早离场。

你在寻找能够让你获得尽可能多的利润的机会，只是不要让风险超过你资本的 8%。

科拉德：市场会不会涨到很高的位置？

拉里：让我们看看人类的预期寿命发生了哪些变化。现在世界各地的人都能活到八九十岁，人们越来越健康了。谁知道呢？让自己更加理智的方法就是，时刻关注现金流和价格之间的变化。科拉德，我有一个问题要问你——你的身份是投资者还是交易员？

科拉德：目前是交易员。

拉里：为什么？沃伦·巴菲特可不是交易员。他买入的是那些能够在未来 10～20 年给他带来充足现金流的公司。从市场的角度来看，这些公司中的大部分都被低估了，所以他正在做的是低买高卖的交易。现在有很多能够确保财富增长的可靠模型。

科拉德：是的，他根据基本面进行投资。我喜欢观察趋势会告诉我什么，无论是双重顶、双重底，还是三角形态。我要找到现在的趋势，发现它的未来走势，然后在此基础上交易。

我可不想投资某些标的然后持有 20 年。我喜欢在市场情绪高涨的时候进场，等到趋势反转的时候再离场。

在和您对话之前，我阅读过很多关于趋势跟踪方面的资料，它们对我来说是非常有意义的，当你处于好的趋势中时，就让利润奔跑吧。你会看到利润不断增长、再增长，直到有一天趋势不再持续的时候再离场。沃伦·巴菲特可以持有一笔交易 20 年。

拉里：他就是靠这个策略成为世界上最富有的人之一的。我认识的每一个以巴菲特为榜样的行为严谨的人都成了富人。但是我更喜欢趋势跟踪。我相信人类拥有的最强大的东西之一就是适应。市场会给你机会去适应的。

对我来说这就和开赌场一样。如果你经营一家赌场，你知道有些人能够战胜庄家。那么在 100 个这样的人当中，有 5 个人可能会获得幸运之夜的大奖，他们或许是顶尖的扑克牌高手。他们打败了赌场，但是总的来说，赌场还是赢的。赌场知道如何计算，所以它总能赢。如果你想在某个特定的夜晚以某个特殊的方式获胜，你就必须知道在游戏的过程中发生了什么，你必须知道获胜的概率并且据此行事。也许，你的做法会与你的个性背道而驰。

当然，如果我告诉你，以 5 倍收益的价格买入一只股票，假设时间是未来 20 年。你可以在此期间不断进行投机交易，最后在这只股票上赚 10 亿美元。你愿意这么做吗？

科拉德： 我愿意。

拉里： 你永远无法逃避你是谁和你的人性这些事实。你具有某种特别的气质，你在这个年龄喜欢用双重顶形态判断行情。或许，你在人生的后期会对房地产感兴趣。无论你想用手中的资金达成什么样的目的，趋势跟踪都是对你的资金成本与你想要达成的目标的套利。另外，我要帮助你做决策，你需要一个目标。你知道如何给富有下定义吗？

科拉德： 我认为富有是相对的，我对富有的理解是财务自由。

拉里： 很好。你需要多少钱才能够实现财务自由？

科拉德： 比我现在拥有的多，比你现在拥有的少。

拉里： 给我一个你认为可以在交易中赚到的数字，让你现在就可以说"是的，我很富有"。

科拉德： 需要具体的数字吗？

拉里： 是的。你多大了？

科拉德： 23 岁。

拉里： 如果你到了 33 岁，你想拥有多少财富？

科拉德： 我在 33 岁的时候想拥有几百万美元的资产。

我真的不在乎我的银行账户里有多少钱，但至少得有几套房产，有体面的工作和广泛的人脉。我认为把钱存在银行里是很重要的，因为这是保证你稳定的基础。

拉里：你需要一个非常具体的数字。

科拉德：非常具体的吗？

拉里：目标是非常强大的东西。你应该瞄准那些你认为拥有你想要的生活方式的人。你是否认识他们或者和他们交流过并不重要。你要知道自己到底想要什么，你要怎样实现它。你必须对"富有"这个词有个清晰的定义。罗伯特·清崎是这样定义财富的——你能靠手头的现金生活 3 年。那么 10 年后，你认为在 3 年里你的现金应该是多少呢？同理，5 年或者 2 年后呢？你必须知道你的目标是什么。

科拉德：我记得那一章。我读过清崎那本书。

拉里：以前有一家叫 ITT 的公司，是由一个名叫哈罗德·吉宁的大佬经营的。哈罗德对我很有好感，有一天他带我出去吃饭的时候问我，"拉里，你喜欢看电影吗"？当然喜欢，我回答说。他随后告诉我了一个教训，这段话在我们每一次见面的时候他都要重复好几次。当你去看电影时，你不知道最后的结局会怎样，而这种悬念又让你沉浸其中。而在收购一家公司时，你最好已经知道最后的结果了。在你收购它之前，你最好确切地知道你要用它来做什么以及如何去做。这就是看电影和收购公司之间的区别，同时也是传统的买入并持有策略与趋势跟踪之间的区别。我们应该知道何时以及为什么离场，而且应该在进场的那天就知道交易何时结束。

科拉德：你说得太棒了。

拉里：科拉德，你会编程吗？这会对我的交易风格很有帮助。

科拉德：我知道一点儿。我学过 C 语言和 Java，还有 CFF 和 HTML。

拉里：我的投资风格最棒的一点就是它已经成功过了，你可以用你的编程能力回顾过去，然后用以前的数据测试我的交易原则。你会发现这些策略什么时候会发挥作用，什么时候没有效果。你看，我的投资方法的最大好处就是不用自己亲自进场交易。

科拉德：什么意思？

拉里：除非你对交易有足够的了解，否则你是做不到的。你必须知道你该怎么做，为什么去做，以及做多长时间。为此，你必须制订计划。这需要时间练习，你可以购买一个数据库进行模拟交易，从中获得实践经验。运用模拟来测试你理解趋势未来走向的能力。

科拉德：好的。

拉里：如果你做模拟分析，你就会得到数学实证、概率、赔率和风险的数据，这里没有模棱两可一说。我之所以喜欢数字是因为它们不能被诠释，你的结果就是事实。如果我坐在迈阿密，对你说大海是蓝色的，这意味着什么呢？我说的是深蓝、淡蓝、藏蓝还是浅蓝呢？当我说数字 7 时，你知道是 7。不仅你知道是 7，其他人看到它也会知道这是 7。你要清楚地知道你在做什么、怎样做、什么时候做，以及为什么做。

科拉德：你是说，思考并实现目标的过程是需要花大量时间去模拟的吗？

拉里：是的，所有这些都是。你想要模拟，就去练习吧。练习花不了什么钱。

科拉德：我同意。

拉里：例如，从期权开始练习。你可以精确地解释如何使用期权。你很清楚你要拿到什么结果。不要困惑于你是在买入货币还是在卖出比特币。你在交易什么并不重要，重要的是市场中的那个基本因素。你知道它是什么吗？

科拉德：不知道。它是什么？

拉里：市场中最基本的因素是人。没错，就是人。几千年来，人类都没有改变。

科拉德：你花了多少时间研究这个市场？你花了多久才成了真正实现赢利的交易员？如何理解交易风险和获得优势？这个过程需要多长时间？

拉里：这个旅途的目的就是为了赚更多的钱。一旦我知道怎样去做，我就会按照自己的计划去做。我见过很多人在旅途中迷失了方向，这是因为他们不能承受损失。我曾经和我的一个亲戚探讨过这件事，他是一个非常出色的交易员，但是他不认为亏损是真正的损失，他害怕止损，最后破产了。及时止损让利润最大化并不是一件很难做到的事。但是对一部分人来说，实际操作起来的难度确实很大。然而，对另外一些人来说，这是很自然的事情，我想我就是其中之一，这就是我的旅途的本质。至于到达终点的确切时间，我给不了你。

科拉德：假设我和100个交易员对话，恐怕没有人会说"我真希望我的亏损再多一点儿"。大卫·李嘉图和拉里·海特关于止损的观点和其他专家有什么不同呢？我想没有人会说"哇哦，亏损真是太棒了，让我继续亏损吧。我想要更大的亏损"。

拉里：他们在止损方面都做了哪些事情？这一点非常重要。

科拉德：为什么我们会有妨碍好的投资方式发挥作用的行为呢？

拉里：一切都源于你自己。你必须知道自己能够承受多大的风险，你必须大体上知道你会得到什么，你必须对你当下的交易保持客观。然而，有些人恰恰相反，他们真的以为自己无所不能。我的一些竞争者完全相信他们就是世界上最聪明的人，但是他们忘记了最重要的事就是活下去。他们甘愿冒巨大的风险，但是只要一次大的亏损，就足以将他们获得的无数小的盈利全部吞噬。听着，我把自己做的一切称为正平均数游戏。我会把损失控制在很小的范围内，而当我赚钱的时候我会赚得盆满钵满，所以我永远也不会有得到负平均数的危险。

如果你把交易比作游戏，没错，因为它本身就是游戏，那么你就会发现交易中存在很多的变化，但是好的方式会随着时间的推移发挥作用，如果你坚持下去，最终的赢家就是你。

科拉德：听起来不错。

拉里：我认为你有很好的数学思维，能理解这是一场需要极大毅力的游戏。如果你从能够承受的损失开始，你就会慢慢变富。我母亲住在布鲁克林的时候，我每周都要回家一次。她会问我"你干得怎么样"，我会说"我损失了 10 万美元"。她的反应是"哦，天哪，太可怕了"！但是她不知道这对于我来说根本不算什么，因为这笔钱在我的基金中只占很小的比例（通常不到 2%）。我的意思是说，如果你的口袋里有 100 美元，你丢了 1 美元，你会为此真生气吗？

科拉德：肯定不会。

拉里：她看到的是具体的数字，而我看到的是百分比。

科拉德：我想，你不在乎具体的钱、只在乎百分比的思想是与生俱来的。你要知道，大部分人是无法接受这样的损失的。

拉里：我有一个优势。我对体育运动一窍不通。我习惯了失败。如果你失败了，你要想清楚如何让你的损失最小化，而让你获得成功的概率最大化。你愿意在牌桌上下多大的赌注是心态问题。有谁的做法会和我不同吗？当然会有。

他们中的一些人可能会做得更好，也许还会受到好运的眷顾，但是我发现大多数做得很好的人在很大程度上都是趋势跟踪者。当我开始从事这个行当的时候，没有多少人采用这种方法。我鼓励你培养这种心态，我相信你能做到。如果你在前行的路上损失很小，你就会成功。

现在，你可能正在一家公司打工，但是对于我来说，我不再为公司工作的原因是这里充满了权术、派系和流言蜚语，我对这些事情不感兴趣。我热衷于交易是因为我有自己的钱，我不想为任何人工作，我也不想在内部会议上得到别人的夸奖。我只想在交易这个领域深耕，我想变得富有。

科拉德：财务自由。

拉里：你要想清楚是想成为一个好的猎手，还是想成为一个只会夸夸其谈的骗子。当一个部落的生存依赖于猎手的狩猎时，最好的猎手是不会在野牛奔跑的时候徘徊的。他们在帐篷里谈论的不是谁的矛最锋利，也不是谁投掷的距离最远。一个部落拥有的好猎手越多，幸存下来的族人就越多。今天，优秀的交易员设定赔率就像他们经营自己的赌场一样。随着时间的推移，他们的财富会越来越多。只有成功的人才会被贴上胜利者的标签。当你的资本不断增加时，恭喜你，你正走在正确的旅途上。

科拉德：谢谢，拉里！

第 10 章

你的选择：让你的红利造福社会

我经常会回想起自己的童年和青年时代，回忆当时的自己是多么失败——贫穷、半盲、有阅读障碍、笨手笨脚以及缺乏运动天赋，我就是那个最不可能获得成功的人。然而，我击败了概率，虽然我在 30 多岁才小有成就，但是直到那时也没有人发现我的潜力。没有人能够预测我的未来。

如果我选择了一条更容易走的路，我会怀疑自己是否会取得今天的成功。因为失败是我成功的基础。人们常常谈论积极思考的力量，而我却发现了消极思考的能量。失败是很正常的事情，我对它了如指掌。我的人生已经失去了很多，所以我不会被失败击垮。我只是一次又一次地试图站起来。这才是成功的真正秘诀。

我的忠告

1. 不要隐瞒你的损失，让它彻底暴露出来。

2. 通过分享利益让聪明人帮助你。

3. 不要受到人类情感的束缚。

4. 制订一个计划。

5. 远离现在的环境重新开始。

6. 干事业切记冲动是魔鬼。

7. 让你的合作伙伴感到轻松。

为什么一个在很多事情上失败了很长时间的人能做得这么好？

我从一开始就在寻找能够让我的人生获得成功的可能性。我立即排除了所有我不擅长的事情：我永远也不可能成为一名伟大的运动员；我的阅读障碍症是无法治愈的，所以我也不可能成为一名学者。这些问题伴随了我太长的时间。一旦我排除了坏的赌局，我就可以走上正轨、实现目标。

我会在好的赌局中选择做一些我非常喜欢的事情，我愿意无偿做这些事情。当你做出选择的时候，你会让自己具备强大的心理优势，因为你会比大多数人更努力地去做。我喜欢想尽一切办法去挣钱，我会为此花上好几个小时打电话，对我来说这非常有趣。

当然，正如你所知，我对实现财务自由有着最真诚的渴望。我有想要实现它的欲望。

我分享了我个人成功和失败的经历，目的是想告诉大家梦想能够克服你的局限性。我希望你可以看到比自己预期更好的结果，你要相信自己可以战胜困难。

和大多数人一样，我受到的教育是努力工作有价值。然而，我很快就意识到，我们高估了努力工作的实际价值。只有聪明地工作才会得到更高的回报。在餐厅进行数百万美元交易的企业高管，并不比在后厨洗碗的低收入者更努力，但是高管更富有。实际上，如果洗碗工可以更聪明地工作，同时为能够获得高工资的工作接受培训，而高管则因为在费用报表上舞弊被解雇的话，角色可以互换。

每个人都要做出选择。无论你是交易员、作曲家还是洗碗工，你的选择定义了你的人性和你的人生。你有能力摆脱一段糟糕的婚姻或者一份糟糕的工作，你有能力完成学业，你有能力不让自己的体重达到 300 磅⊖。如果你怀揣梦想，那就选择每天做一些事情来推进你的事业。

问题是人们没有充分考虑过从概率的角度进行选择。这就要看你怎样下聪明的赌注了。如果你下了足够聪明的赌注，你就会赢。

当你下一次决定你的人生道路、商业冒险，或者投资组合的时候，请问自己这些问题：

> ➤ 哪个选择让你更接近目标？让你的想象再往上迈几个台阶，这就是我鼓励你了解自己以及你想要什么的原因。很多人都对良好的教育有价值这个观点深信不疑。我相信教育的重要性，但是，如果你不了解自己以及你想要什么，教育对你来说没有任何意义。

> ➤ 你选对参与游戏的地点了吗？很多财富是依靠运气产生的，所以你必须待在一个你能够获得运气的地方。如果你想成为一个演员而又不想试镜的话，你是不可能成功的。我记得一个我认识的年轻演员，他很呆板和笨拙，这种人是最不可能成功的。但是他出现在了正确的地方，获得了好运

⊖　约 270 斤。

的眷顾，成长为一名出色的演员，并最终在百老汇功成名就。你需要的就是这种运气。

➤ 你的选择可行吗？如果你赌一千次，赔率是多少？记住，我是不会成为迈克尔·乔丹或者勒布朗·詹姆斯的，因为对我来说这是不可能的。但是我成为一名交易员是可能的，因为我有天赋、坚持不懈的精神，以及我对这个行当的热爱。即便如此，我还是没有受过正规的数学和计算机操作训练，所以我得和那些拥有这些技能的人合作。这样一来，我的目标就变得可行了。对你来说什么是可行的呢？

➤ 可能发生的最糟糕的事情是什么？在你决定下注之前，一定要考虑到最坏的结果。你必须清楚你会失去什么。如果你不能承受最糟糕的事情，那么这就是一个糟糕的赌局。

➤ 如果你赢了，你会得到什么？这是关于钱的问题。回报会给你想要的东西以最好的期望值。你算算回报是多少？是很少还是能够对你的人生产生足够大的影响？如果你的赌局让你一年赢利 1 美元，你真的赚了吗？我的盈利来源于非对称的赌局。我可以冒很小的风险去获得很高的收益。在金融领域，你可以运用期权和止损交易来实现。在生活中，你可以利用知识、时间和其他人在合伙事业上的投资。去那些能够让你的风险成倍增加的地方。

> 在你做出决策之后，如果这个策略没有发挥作用，你还会谦虚地做出改变吗？失败只是单个事件，这并不意味着你就是一个失败者。如果真失败了，请你及时止损，不要让错误继续下去了，不要在这件事情上再纠结了，马上运用你的智慧，尽快寻找下一个好的赌局。

有些人也许会说："嘿，拉里，你真幸运。当大宗商品和计算机模型刚刚开始被人接受的时候，你就抓住了这个机会。"这也许有一定的道理。但是金融世界仍然给人们提供了机会，也许比我年轻的时候还要多。我们正处在一场技术革命中，早期的计算机有冰箱那么大，现在只有信用卡那么大，而且价格也越来越便宜。接下来，先进的机器人、传感器和人工智能将改变世界，我们很快就会看到无人驾驶汽车的问世。

我在本书中反复强调市场是无效的这个观点。正是市场的无效，给我们提供了机会。如果市场是有效的，人们就会失去工作或者搞发明的动力。无效市场激励着人们创新，去创造更好、更快、更廉价的服务和产品。这意味着总有一些事情会被摆在桌面上，促使人们更努力地去做、去追求、去实现。随着时间的推移，当某些创新已经成为常态时，其优势就会消失，但这又意味着新的市场会涌现新的机会。你需要用你自己的方法找到这些机会，我向你保证它们就在那里，你要做的就是明白你想要什么，你想要的结果有什么特征。也许你并不清楚，但是你要知道你想让它看起来像什么。

如果你赢了怎么办

当你在获取财富的大道上努力前行时，你应该计划当你获得财富的时候会做些什么。

虽然我现在生活无忧，但是我对奢侈品没有什么兴趣。我喜欢的事情是创造赚钱的方法。在 80 多岁的时候，我仍然有动力去发明新的赚钱方式。我一如既往地对下一个创新感兴趣。我打电话给我的定量分析师合伙人，让他检验我的想法，比如："如果我们随机选取一只触及历史高点的股票，会发生什么？"

最近几年，我开始投资房地产。按照我的习惯，我会找一些聪明的人合作，因为他们具有我所不具备的专业知识。他们的工作思路是这样的：在住满或者接近住满的情况下买下整个大楼，然后以低于市价 10% 的价格出租。这样收益就会与那些质地更好的大楼的收益相差无几，只不过他们的租金少了10%。这样做的精明之处在于他们保证了整个大楼的入住率。他们的目的是在5～7年以后，将整栋大楼重新抵押出去，也就是"全额抵押"。换句话讲，他们重新借了钱，但是他们拿到了现金。表面上看他们好像把大楼卖了，只是不用交税罢了。实际上，他们虽然借了钱，但房子还在自己手上，他们可以用抵押1号楼的钱去买2号楼。如果你借钱，你就不用交税。由于建筑物的某些部分磨损得更快，他们会对这些部分进行折旧。因此，我们是在加速折旧的基础上进行核算的。

做房地产生意的人通过这种方式赚了很多钱。他们手里没有质地上乘的建筑物。他们也不是特朗普，后者看中的是较低楼层的高雅和奢华，进而削减较高楼层的房间面积，让它们面积小且没有吸引力。他们做的是最好的交易，而我用这种方式也挣了不少钱。

这就是我的工作。我不断地重复着这个过程，直到出现新的机会。

我在1987年创立了自己的基金。当时我正在加勒比海度寒假，我打了一个电话完成了一笔交易，这个电话

让我赚了 100 万美元。多么棒的感觉啊！下个星期我回
到了纽约，一天晚上我在穿过世界贸易中心的时候，看
到很多人走进了大厦，他们中的大多数人看起来精神状
态不是特别好。我问保安人员发生了什么事情，他们告
诉我那天晚上会很冷，很多无家可归的人会到大厦里过
夜。我之前美好的感觉全部消失了，几百万美元对我来
说并非那么重要。直到那时我才开始真正考虑我能为这
个社会做些什么。

有人曾经问我是否会因为内疚而捐款。我不会觉得内
疚，我没有这么做是因为我是一个虔诚的信徒。但我确
实需要寻找生活下去的黄金法则，那似乎是一个大多数
人都认同的想法，至少在纸面上是这样的。孔子曾经以
一种我非常喜欢的方式对此做了描述，当有人问他是否
能够用一个词总结人生的行为准则时，他回答说："其恕
乎！己所不欲，勿施于人。"

我相信互惠互利。

我第一次重要的捐赠是给一位需要做手术的阿塞拜疆
妇女捐赠了一笔钱。旧金山的一家医院愿意免费给她做
手术，但是她的母亲和家人必须赶到那里，成本是 1 万
美元，所以我马上给她们解决了费用上的问题。这对我
来说是举手之劳，我很高兴能够挽救一个人的生命。但
我是个实事求是的人，所以，随着时间的推移，我开始

思考怎样才能产生最大的影响，而不是影响某个人。

1987 年，我成立了一个家族基金会，这样我就可以用一种更明智的方式进行慈善活动，并尽可能地对更多的人产生更大的影响。起初，基金会的规模比较小，我们通过向自己喜欢的慈善机构捐款来满足支出的需要。但是随着我越来越成功，我的捐款也越来越多，基金会的规模也越来越大。后来，我们聘请了一位顾问，这让我们在这方面更加具有战略性和专业性。当我的女儿们开始上高中时，她们有机会参与进来，（在监督下）向她们选择的组织提供 5000 美元的资助。我的大女儿在新泽西州的纽瓦克市举办了一场课外活动，小女儿在一家博物馆为孩子们举办了一场摄影活动。（有趣的是，我的两个女儿一个成了治疗师，另一个成了摄影历史学家。）

我们为很多不同的事业捐助过。我的第一任妻子西尔比拥有社会工作硕士学位，曾在纽约市的寄养中心和儿童相处了十年之久。她认为所有的孩子都应该有安全、有爱的家，所以我们的基金会资助了一些组织，改革了寄养体系。西尔比也喜欢摄影和艺术，所以我们资助了纽约市和英国各大博物馆的展览活动。

我再重申一遍，我是个讲求实际的人。当我投资时，我希望得到最大的回报，当我向社会捐赠时，我希望能够影响到最多的人。这也是我为医学研究捐赠的理由之一。谁又知道呢，也许 20 年后，我资助的某个组织会发现治愈癌症的方法。

我的朋友斯坦利·芬克也有着和我类似的观点。2005年，他为伦敦伊芙丽娜儿童医院的修建捐赠了一笔钱，这是伦敦几百年来第一家新建的儿童医院。此后没多久，我的妻子西尔比就卧病在床了。西尔比来自伦敦，而我在英仕曼集团的同事哈维·麦格拉斯的妻子艾利森也是伦敦人。我告诉哈维，我的妻子很想知道伦敦的八卦新闻，我问艾利森能否在西尔比弥留之际每周给她打个电话，聊一聊伦敦的社交圈里都发生了什么。艾利森答应了，我永远都不会忘记她做的一切。当我将六张早产婴儿床捐赠给伦敦伊芙丽娜儿童医院的新生儿病房时，我以此来纪念西尔比·海特和艾利森·麦格拉斯。

从那以后，大概有一千个孩子用过这些婴儿床。我不认识这些孩子，也不知道他们现在生活得怎么样，但是我知道我曾经做了一些事来提高早产儿的生存率。你有多少次机会去做一件能够帮助上千人的事情呢？

最近几年，我的现任妻子莎伦向一些促进教育和文化的组织捐了款。我们向音乐团体捐了款，因为在我看来，音乐是我们活着的时候所能体验到的最棒的礼物之一。

我很感激我在生活中所做的选择，这些选择让我现在处于一个非常独特的位置，能够创造一些东西，继续赚钱，并让这个世界更加美好。我希望你也如此。

如 果

◎ 拉迪亚德·吉卜林

如果周围的人毫无理性地向你发难，

你仍能镇定自若保持冷静；

如果众人对你心存猜忌，

你仍能自信如常并认为他们的猜忌情有可原；

如果你肯耐心等待不急不躁，

遭人诽谤却不以牙还牙，

遭人憎恨却不以恶报恶，

既不装腔作势，亦不气盛趾高。

如果你有梦想又不为梦主宰，

如果你有神思，又不至于走火入魔；

如果你能坦然面对胜利和灾难，

忍受自己的真心话被恶棍扭曲愚弄众生；

如果你敢把取得的一切胜利，

为了更崇高的目标孤注一掷，

面临失去，

决心从头再来，

而绝口不提自己的损失；

如果人们早已离你而去，

你仍能坚守阵地奋力前驱。

如果你与平民交谈而不改谦虚之态，

或与王侯散步而不露谄媚之颜；

如果敌友都无法对你造成伤害；

如果众人对你信赖有加却不过分依赖；

如果你能惜时如金，

利用每一分钟不可追回的光阴；

那么，你的修为就会如天地般博大，

并拥有了属于自己的世界，

更重要的是：孩子，

你成为了真正顶天立地之人。

我想我在本章里说过的很多话都可以用拉迪亚德·吉卜林的这首诗来概括。

我们中的一些人从一开始就面临着更大的困境。但是我想说的中心思想是：你的梦想远大于你的局限，你可以选择追随梦想。

不论你的处境如何，你都有选择的余地。我希望我的子孙后代长大后知道他们都有自己的选择。只有你觉得你也可以做出改变人生的选择，我才会认为本书的出版是成功的。

我做的是投机交易，我的生活本身也是一场投机者的游戏。从本质上讲，我们无法预测未来。世界上存在太多的"如果"，我们总是在不停地忙进忙出。我们对于买什么和卖什么的选择最终决定了我们如何创造自己的生活，以及这样做的意义。

我的人生就是失败者也会成功的最好证明。

附　录
思维碎片

拉里·海特写给英仕曼集团的内部文件

非对称杠杆的理论和实践

（用较小的风险赚取较大的收益）

1988 年 9 月 30 日

前　　言

本文旨在清楚地阐明非对称杠杆的原理。由于这部分内容涉及理论概念而非定量概念，因此该法则无法像明特使用的策略那样在计算机上进行测试。唯一可行的测试方法是让它们与大量一流的商业人士进行广泛的辩论和检验。这就是我请您阅读这篇文章的原因。

简而言之，我宁愿让我的同事们指出我在推理上的缺陷，也不愿意让市场教会我究竟错在哪里。

定　　义

非对称杠杆的独特之处，在于它让我们体验到了传统杠杆减去一定比例风险的好处。例如，明特目前正与一家中东的机构合作，我们为其建立了一个价值1500万美元的投资组合，在扣除管理费用后，我们每个月的收益率是23%。这是我们第一个高流动性账户。我们的利润份额相当于我们将340万美元的自有资金置于风险之中，只不过我们已经将风险降到了零，从而完全打开了这340万美元的上行空间，而不存在下行的可能性。这就是我们在推广非对称杠杆的过程中的成功案例。在描述成功的非对称杠杆的类型时，我会使用诸如亨特、普利茨克和特朗普的名字提供每种类型的案例。在引用除了明特以外的非对称杠杆的成功和失败的案例时，我也会讲述在同一个家庭中出现的类似情况：忘记父亲的经验教训是如何让两兄弟损失10亿美元的。

明特并不是唯一一个完美运行非对称杠杆的机构。例如，精通杠杆收购业务的科尔伯格·克莱维斯·罗伯特公司（KKR），在12年的时间里集聚了一大批公司，这些公司的总销售额几乎与花了60年的时间才建立起来的通用电气（GE）的总销售额持平。也许，KKR的普通合伙人要比通用电气目前的管理层挣得还多，而且他们的净资产也比大部分通用电气创始家族的成员大得多。

举　例

金融

（当他们认为你有钱的时候，其他人就会承担全部费用。）

非对称杠杆的原生力量在金融领域应用的最好证明是麦沙伦·利克里斯（Meshulam Riklis），一个以色列移民，他从众所周知的一无所有开始，直到今天控制着一个价值 30 亿美元的金融帝国。他通过有效使用或者不使用现金，再加上出色的经营和财务管理，成就了今天的地位。如果在一笔收购业务中有必要使用现金，利克里斯会计划从被收购的公司迅速获得等价的现金。换句话说，如果一家公司不能为他的下一步行动产生至少同等数量的现金，利克里斯是不会支付现金的。除非他的条件具有优势，否则他不会进行这笔交易。然而，卖家通常都会知道利克里斯的迅捷美国公司（Rapid American）有足够的现金完成收购。作为现金的替代品，利克里斯会发行认股权证、出售部门，并发行更多的股票。例如，迅捷美国的全资子公司麦克罗里（McCrory Corp）收购 H. L. 格林（H.L.Green）时，就是利用出售 H. L. 格林的加拿大业务获取了现金，而这部分现金又在 H. L. 格林股票的投标报价中重新回到麦克罗里公司。在利克里斯最近对 EII 公司的策略中，他将公司私有化，并将债务公开了。因此，即使利克里斯不会像麦当劳的雷·克罗克那样以伟大的零售革新者身份载入史册，也会因为他对现金的出色管理被人们铭记。他知道公司的每一元钱都放在哪里。对现金流的全面掌控，再加上他用自有资金收购公司的政策，使他成为这个价值 30 亿美元的美国优质企业的唯一股东。

罗伯特·福尔摩斯·埃科特（Robert Holmes á Court）没有对他持有的资产实施真正的现金流管控。福尔摩斯·埃科特是通过提出一系列要约收购，用他当时的小公司贝尔资源（Bell Resources）的股份置换澳大利亚最大的公司布罗肯希尔（Broken Hill）的股份起家的。他反复运用这种手法，直到最后成为布罗肯希尔的最大股东。布罗肯希尔的股票在澳大利亚的牛市反弹期间大幅上涨，这就让福尔摩斯·埃科特有机会借钱购买德士古（Texaco）和西尔斯（Sears PLC）等公司的股票，而这些股票又反过来成为他进一步收购行为的抵押品。福尔摩斯·埃科特最大的败笔就是他没有能够获得他持有的任何公司的控股权。因此，当市场崩盘时，他没有办法利用它们的现金流。他只不过是另一个被动的投资者而已。他留下了大量的债务，却没有收入来偿还。他的下跌风险已经完全暴露了，而且他的非对称杠杆头寸非常糟糕。事实上，他冒着高风险换来的低收益，已经与非对称杠杆原理的初衷背道而驰了。利克里斯的策略则与他形成了鲜明的对比。

结构

（*每个交易系统都有偏差：偏差是送给某些人的礼物。*）

　　1978 年，特雷莎·哈维尔（Theresa Havel）就持有不同期限的政府证券的固有风险进行了一项研究，这是结构性的非对称杠杆原理的最好例证。哈维尔发现，5 年期国库券收益率是 30 年期国库券收益率的 95%。然而，5 年期国库券的价格风险仅仅是长期国库券的 25%～30%。也就是说，持有期限较短的债券与持有期限较长的债券几乎有相同的收益率，但是其实际的风险要大大低于持有期限较长的债券，因此，非对称杠杆在这项研究中的表现是相当出色的。希尔森 – 雷曼债券指数证实了哈维尔的发现，该指数显示，从 1973 年 1 月 1 日到 1988 年 3 月 31 日，长期债券的收益率是 8.62%，而 91 天短期国库券的收益率是 8.46%。重要的一点是，按照价格的标准差进行衡量，稍微高一点的债券利率会让短期国库券的价格风险提高 12 倍。实际上，从 1979 年到 1982 年，5 年期国库券的收益率略高于 30 年期国库券。根据哈维尔任职的路博迈公司（Neuberger Berman）提供的数据，通过仔细检查市场的内部结构，可以实现很好的非对称杠杆结果。

企业家

（*2 加 2 等于 40。*）

　　当唐纳德·特朗普（Donald Trump）正忙于建造

纽约的君悦酒店的时候，他从汽车广播中得知，拉斯维加斯的希尔顿酒店发生了罢工，公司的股价随即大幅下跌。特朗普觉得很奇怪。毕竟，希尔顿旗下有100家酒店，为什么罢工会导致股价下跌呢？他走进自己的办公室，查看了希尔顿的10-K报表（美国证券交易委员会对每家上市公司的全面年度披露报告）。他发现，希尔顿40%的收入来自拉斯维加斯的酒店，而只有1%的收入来自纽约的希尔顿酒店。特朗普想，如果在建的君悦酒店能够和纽约的希尔顿酒店做得一样好，他会很高兴，然而，在同样的风险下，建设赌场是更好的选择。

对于像特朗普这样的建筑商来说，建设赌场或者酒店几乎没有区别，不同的是，赌场的收益是酒店的40倍，这就是一个很好的非对称杠杆的例证。特朗普的父亲建造了成千上万栋给中低收入者居住的公寓，其实这就是一个游戏，当一加一等于二的时候，你就挣钱了，当一加一等于一又四分之三时，你就只能不赔不赚了。特朗普的第一笔财富和第二笔财富之间的区别在于，他把这个游戏理念带到了利润率更高的业务中，同时增加了一些演艺业务，从而证明更高的价格是合理的。

运作
（将非对称杠杆转化为程序。）

这种类型的非对称杠杆在芝加哥的普利茨克家族的

商业活动中尤为突出。普利茨克家族拥有凯悦酒店集团（Hyatt Corp）、布兰尼夫国际航空（Braniff），以及大量美联集团（Marmon Group）旗下的工业企业，其净资产约为 35 亿美元。1958 年，普利茨克家族收购了美国科顺脚轮公司（Colson Caster），这是俄亥俄州一家不太景气的生产自行车、轮椅脚轮和小型海军火箭弹的公司，美联集团就是通过这次收购登上了历史舞台。这次收购是典型的非对称杠杆交易，因为从各项评估数据来看，科顺脚轮公司以高于收购价格的价格被清算，从而在本质上将普利茨克家族的风险降到了零。此外，收购价格还影响了其资产价值。根据美国当时的税法，由于科顺脚轮公司以低于账面价值的价格出售，普利茨克家族可以获得退税，这又反过来进一步降低了资产的价值，从而使得普利茨克家族可以再获得一笔退税。这部分相当于该公司过去七年缴纳的全部税款，因此他们可以降低收购成本，将大部分剩余的资金转为流动资金过桥贷款，直到他们从政府那里获得纳税人的钱为止。因此，普利茨克家族从一开始就很好地利用了非对称杠杆，因为他们能够以高于支付金额的价格进行清算，从而实现零风险。然后，他们再利用美国税法结构的漏洞继续他们的非对称杠杆交易。

尽管本文的大部分内容主要讨论的是非对称杠杆在财务方面的运用，但值得我们注意的是，企业不仅仅是数字这么简单，它们向真实的人提供真实的商品和服务。例如，科顺脚轮公司的库存包括 800 枚已经报废和有质量缺陷的海军火箭弹，在普利茨克家族收购这家公司后，这批火箭弹在重新加工后又被卖给了美国海军。这就是经过重新设计之后的逆向成本会计系统。六个月后，公司开始赢利了。这桩收购案就是非对称杠杆在实战中的主要例证。

值得一提的是，普利茨克家族、汉森信托和伯克希尔 – 哈撒韦（沃伦·巴菲特的公司）的经营风格如出一辙。每个运营单位都采用扁平化的管理方式，所有的运营决策都在单位一级处理。然而，所有的财务决策和预算都是垂直管理的，必须由高层批准。换句话说，财务问题是公司所有者考虑的事情，生产产品是运营经理的职责。利润分配是以单位为基准而不是以公司为基准确定的。因此，如果公司的收益下降，而某一部门的收益上升，这个部门的经理仍然会获得奖金。非对称杠杆的核心是严格的财务控制，没有严格的财务控制，非对称杠杆在任何情况下都是无法实现和维持的。

我们列举的最后一个非对称杠杆的案例是雷·亨特与他的继兄弟邦克和拉马尔的商业活动的对比。雷是亨特石油公司（Hunt Oil Co.）的老板，如果再加上他在房地产领域的投资，他的净资产总额超过了 10 亿美元。与他的继兄弟们不同的是，雷在生意上完全继承了他父亲的经营哲学。

传奇人物 H. L. 亨特赢得了他第一份重要的石油资

产，这是他家族财富的根基，然而这笔财富不是来自油田，而是来自扑克牌牌桌。实际上，在 H. L. 亨特职业生涯的初期，他靠扑克牌赚的钱要比从钻井中赚到的钱还要多。他的扑克牌策略就是他日后商业策略的基础，因为他只把赌注下在能够在一年内让资金翻倍的地方。他下了很多赌注，以便让大数定律对他有利。他曾经说过，在他盲目钻井的日子里，钻枯油井从来不会让他烦恼，因为这意味着他离成功又近了一步。此外，他从来没有在一件事情上押太多的钱，以至于损失可能会让平均数法则失去作用。这正是明特的运作方式。

1984 年，雷·亨特收购了北也门油田，我们从中可以看到他同样的经营哲学。由于油田的开发会涉及大笔资金的支出，出于对投资国风险的考虑，雷将 49% 的权益出售给了埃克森石油公司（EXXON），对方同意承担油田全部的开发成本，这让雷的石油生产份额几乎等同于全部的利润，而且还没有任何风险。

另一边，雷的继兄弟们则把所有的鸡蛋都放在了一个篮子里：他们采用高杠杆，全部押注在白银上。当他们垄断白银市场后，他们已经找不到对手方进行交易了。此时，他们并没有止损，而是拿出能够产生收益的资产为亏损的白银交易争取时间。他们面临的风险显然对他们是不利的，他们失去的可能远比得到的多。和他的父亲一样，雷每年都会拿出一小部分资产继续在油田开发上冒险。那一年，北也门油田正是他的赌注之一。此外，通过与埃克森公司合作，他用无风险的非对称杠杆头寸获得了他未来的收益。

非对称杠杆原理与实践

明特是非对称杠杆原理与实践的一个很好的例子。

英仕曼集团对明特的收购对双方来讲都是很好的非对称杠杆案例。英仕曼集团当时价值超过 1 亿美元，而在收购时面临的风险只有 75 万美元，仅占其净资产的一小部分。他们在只有 5% 的概率损失 75 万美元的情况下，有机会购买明特 50% 的股权，而实际风险只有 4 万美元，大量的统计证据表明他们不会亏。

从 HMO 的角度来看，我们得到了构成非对称杠杆的最佳因素：时间和金钱。我们有 5 年的时间将几百万美元的资金用于自己的账户，外加一个绝对的收入下限。

支持最初的合作伙伴关系的结构性因素是：

➢ 在交易风险中预先确定的概率。
➢ 用期货保证金支付国库券利率的事实和英仕曼集团在优惠条件下提供借款的事实，使得融资成本非常低廉。

这些都是保证交易成功的因素。在我们发行第一只保本基金时，我们可以从 200 万美元的现金流中拿出 25 万美元做风险投资，也就是全部现金流的 12.5%。这笔投资将在年底为我们带来超过 5000 万美元的收入，这将使我们 25 万美元的初始投资获得 40 倍的收益。

我们目前和英仕曼集团有类似于 Chardant 的账户。其中历史最长的是 SAT 账户，它已经连续四年收入超过 100%。在实现这一纪录的过程中，最大回撤是 16%。在相同的四年时间里，几乎所有的股票都至少有一次下跌了 16%，实际上也没有哪一只股票的年平均涨幅为 100%。

Chardant 这类账户表现得如此出色的原因是：

> 低交易成本，使我们能够经常调整风险，并调整 Run-D 系统，这在行情急剧逆转的时候实现了内部对冲。
> 所有的"赌局"在风险大小上保持相等，以防止风险不均。

我们将所有这些因素结合在一起控制风险，但是允许增加杠杆带来整体收益，从而导致风险与杠杆的不对称。

非对称杠杆文化

为了让非对称杠杆发挥作用，需要具备三个主要因素：时间、知识和金钱。

> 时间——通常情况下，你行动得越快，风险就越
>   大；但是，如果你有时间选择目的地，你将不会
>   有任何风险。

> 知识——在你了解整个游戏之前，你是不可能
>   知道获胜的概率的。如果你不知道概率，你就不
>   能明智地下注。一个能够清晰定义游戏的好处的
>   例子就是明特的交易。我们在明特的时候对期货
>   交易的潜在标的资产一无所知，但是我们知道如
>   何进行交易。如果我们在不知情的情况下使用杠
>   杆，将会导致直接或者最终的灾难。

> 金钱——金钱可以赢得时间、获取知识，能够长
>   期为你所用。

杰·普利茨克从来不在对他来说太大的交易中做过
头。他要么找个合伙人，要么直接放弃。换句话说，他
对非对称杠杆的掌控总是恰到好处。他对布兰尼夫国际
航空收购案的总结非常到位："布兰尼夫国际航空将花
掉我 5000 万美元。如果收购成功，它的价值就是 5 亿
美元；反之，我也会接受损失。"

提出非对称杠杆方案

通过我们与迪克·埃尔登的关系，我们可以确定，

很多基金经理在波动很小以及没有出现亏损的情况下，能够获得15%～20%的收益率。每一位基金经理都是独立于其他人和一般市场的，因为从根本上来讲，他们使用的都是市场技术。

尽管实际的交易轨迹记录的质量更高一些，但我们仍然假设在最差的情况下市场下跌的风险是20%。此外，假设我们将其视为英仕曼集团的另外一项业务，并且提供500万美元的资本和2000万美元的信贷额度。在总收益率为20%的基础上，这笔生意在扣除200万美元的利息支出后，将产生500万美元的收入，也就是300万美元的纯利润或者500万美元风险投资的60%。在总收益率为15%的情况下，风险资本的收益率是35%。

考虑到这些表现稳健的基金经理实际上在很长一段时间内没有出现亏损，这笔交易的风险调整后的收益率甚至会更高。例如，如果我们假设上面例子中风险资本的风险是10%，而不是20%，那么在总收益率为20%的基础上，其净利润将增加到风险投资的120%；如果总收益率是15%的话，其净利润将是风险投资的87.5%。

这种业务显然是资金成本和基金经理投资组合结果之间的杠杆套利。正如我们在其他地方所指出的，在不了解杠杆的情况下贸然使用杠杆将会导致直接或者最终的灾难。让这个方案成为最初非对称杠杆项目的强有力

的候选者的原因是，基金经理在投资组合中的跟踪记录
受制于定量分析，这一点与明特的交易一样。我们可以
采用我们的风险度量和风险管理的方法论，在有足够长
的跟踪记录的前提下，让这些基金经理再次"杠杆化"。
这一分析还产生了另外两个实际需求：

> 需要保证足够长的交易时间，这样才能让长期
的概率发挥作用。
> 锁定资金成本，因为收益率不会随着利率而上升。

总的来说，作为一笔生意，在风险 - 收益比的基础
上进行评估时，这种做法与英仕曼集团的大宗商品交易
相比非常有利。例如，英仕曼集团的白糖交易行为寻求
的是 40% 的风险资本收益率，同时又能够根据头寸的
规模容忍 36% 的风险——大体上是一比一的。上述业
务产生了相同的风险 - 收益比，但是没有考虑额外的信
用风险以及交易对手方违约的风险。

非对称杠杆工作小组

我们应该在纽约成立一个非对称杠杆工作小组，向
LH/HMcG 报告。这个小组的任务是在企业部门寻找非对
称杠杆机会。该策略旨在以 250 万～500 万美元的价格收
购一家公共媒体的控股权，然后针对这笔收购和资产负债
表筹集额外的资金。鉴于我们在资金管理和金融产品方面

的优势，我们的第一步有可能会在这些领域开始。人们还会认为除了这家公共媒体以外，集团将（并不完全）专注于保险和储蓄贷款部门，以实现下一个目标。罗伯特·罗森克兰茨很好地证明了这些机会。1987 年，他以 2000 万美元外加从通用电气获得的 2.4 亿美元贷款，控股了诚信保险公司以及 8 亿美元的资产。在迪克·埃尔登的建议下，他引入了一种基于多样化混合资产和方法的投资组合策略。随后，他在第一年将净利润提高了一倍。

非对称杠杆工作小组最初由两名具有教育经验的人组成，他们将在我们提供的框架内独立工作。这个项目第一年的运营成本大约是 2 亿美元。

我在此郑重声明，这里所描述的概念是我原创的，所有资料也都由我提供。

我还要感谢哈维·麦格拉斯和帕特里克·杜马斯，是他们帮助我将这些想法变成了一个连贯的演讲；还有彼得·马修斯和迈克尔·德尔曼，是他们让非对称杠杆模型发挥了作用。此外，我还要和大卫·弗里德曼共同承担各自的责任，他曾在晚餐时间问我是否愿意写下我对非对称杠杆及其在企业经营中应用的想法。

拉里·海特